STÄTTEN DES GEDENKENS

für Verfolgte und Opfer der nationalsozialistischen
Gewaltherrschaft und für antifaschistische Widerstandskämpfer
in und um Leipzig

STÄTTEN DES GEDENKENS

für Verfolgte und Opfer der nationalsozialistischen
Gewaltherrschaft und für antifaschistische Widerstandskämpfer in und um Leipzig

*Herausgegeben vom
Bund der Antifaschisten e. V. (BdA), Sitz Leipzig,
und vom Stadtverband Leipzig der Verfolgten
des Naziregimes (VVN)
Mitglieder im Verband der Verfolgten des Naziregimes –
Bund der Antifaschisten e. V. (VVN-BdA)*

Leipzig 2006

ISBN 3-89819-234-2

© 2006 by Gesellschaft für Nachrichtenerfassung und
Nachrichtenverbreitung, Verlagsgesellschaft für
Sachsen/Berlin mbH, Badeweg 1, D-04435 Schkeuditz
Alle Rechte vorbehalten

Redakteur: Jens Braun
Zusammenstellen des Straßenverzeichnisses: Dieter Chitralla
Fotografien der Gedenkstätten: Jens Braun, Dieter Chitralla,
    Volker Hölzer, Sandra Müller
Redaktionelle Abschlussarbeiten: Jens Braun, Dieter Chitralla,
    Volker Hölzer

Satz: Waltraud Willms

Druck und buchbinderische Verarbeitung: GNN Verlag Schkeuditz

INHALT

Geleitwort 7

Einleitende Bemerkungen 9

1. Kapitel
Stätten des Gedenkens für einzelne Verfolgte und Widerstandskämpfer 13

2. Kapitel
Stätten des Gedenkens für Gruppen von Verfolgten und Gegner der NS-Diktatur 75

3. Kapitel
Stätten des Gedenkens für die jüdischen Opfer des Nationalsozialismus 127

Anhang 1
Verzeichnis von nach 1989 verschwundenen Gedenkstätten und Ehrenmalen, die Opfern des NS-Regimes und antifaschistischen Widerstandskämpfern gewidmet waren 149

Anhang 2
Verzeichnis von Leipziger Straßen und Plätzen, die nach NS-Opfern und Antifaschisten benannt worden sind 153

Literatur 177

GELEITWORT

Politik speist sich aus einem lebendigen Verhältnis zur Vergangenheit. Was einmal geschehen ist, ist nicht vergessen. Es lebt fort in der kollektiven Erinnerung der Menschen. Hier kristallisieren sich die Epochen und Ereignisse nach dem Maß ihrer Bedeutsamkeit. Nicht alles ist von gleichem Gewicht und bleibt im Gedächtnis haften. Aber bestimmte zentrale Erfahrungen bedürfen einer beständigen Erinnerungsarbeit.

Diese Erinnerungsfähigkeit entscheidet letztlich die Richtung unserer gesellschaftlichen Entwicklung. Was darf niemals vergessen werden? Was ist unveräußerbarer Bestand an historischer Erfahrung? Die Antwort hierauf prägt nicht nur unser Geschichtsbild, sie formiert unsere Gegenwart und unsere Zukunft. Es gibt Erfahrungen, die für das Gedeihen einer demokratischen Gesellschaft unverzichtbar bleiben. Sie bilden zentrale Orientierungspunkte für die Ausbildung einer freiheitlichen Identität. An diese Kernerfahrungen bleibt stets zu erinnern.

In diese Kategorie gehört unzweifelhaft ein fundiertes Wissen über den Nationalsozialismus. Er steht für das dunkelste Kapitel der deutschen Geschichte. Mehr als zwölf Jahre herrschen in Deutschland und bald in weiten Teilen Europas Willkür und Rassenwahn, Intoleranz und Verfolgung. Die Ergebnisse der nationalsozialistischen Herrschaft in Leipzig sind wohlbekannt: die Verfolgung von Demokraten und Andersdenkenden, die Ausbeutung der Zwangsarbeiter, die Zerstörungen durch den von deutschem Boden ausgegangen Weltkrieg.

Die Stadt Leipzig hat seit der Friedlichen Revolution eine Erinnerungspolitik betrieben, die dieser Tatsachen eingedenk ist. An zentralen Orten unserer Stadt – ich nenne exemplarisch die Gedenkstätte für Zwangsarbeiterinnen und Zwangsarbeiter, das Denkmal für die vertriebenen und ermordeten jüdischen Mitbürger in der Gottschedstraße, die Gedenkstätte für die verfolgten Sinti und Roma im Schwanenteichpark und das Goerdeler-Denkmal am Neuen Rathaus – erinnern wir an diese Schreckenszeit. Leipzig weiß nur zu gut, was totalitäre Herrschaft bedeutet und wie viele Opfer sie kostet.

Aber auch diese Tatsache gehört zum Grundbestand historischen Wissens: Der Nationalsozialismus war nie unangefochten. Von erster Minute an haben ihm Menschen aus politischen, religiösen oder weltanschaulichen Gründen opponiert, haben Widerstand geleistet und Rückgrat bewiesen. Diese im weitesten Sinne verstandenen Antifaschisten – Sozialisten und Kommunisten,

Freidenker und Liberale, Christen aller Konfessionen – repräsentierten in dunkelster Zeit ein Deutschland, das unsere Demokratie mitermöglicht hat. Leipzig steht für Zivilcourage, Gewaltfreiheit und Weltoffenheit. Wir haben uns eine demokratische Kultur des gewaltfreien Protests erkämpft. Menschenrechte, Gewaltenteilung und Mündigkeit waren im Herbst 1989 zentrale Ziele der Friedlichen Revolution. Ich begrüße es daher außerordentlich, dass der Bund der Antifaschisten e.V., Sitz Leipzig, und der Stadtverband Leipzig der Verfolgen des Nationalsozialismus im Verband der Verfolgten des Naziregimes – Bund der Antifaschisten e.V. dieses Sammelwerk der Leipziger Gedenkstätten für die Opfer und die Widerstandskämpfer der nationalsozialistischen Gewaltherrschaft erstellt haben. Es handelt sich um die erste systematische Dokumentation dieser Art. Sie belegt, welche Fülle an Gedenkstätten die Stadt Leipzig für die Opfer und die Kämpfer gegen den Nationalsozialismus aufweist. Zudem erinnern zahlreiche Straßennamen an diese aufrechten Menschen.

Erinnerung tut stets Not, nicht nur, weil das Gedächtnis der Menschen für erlittenes und zugefügtes Unrecht so schnell vergisst. Ja, weil die Opfer und die Nachgeborenen vielleicht vergessen müssen, um weiterleben zu können, um dem Furchtbaren nicht den Triumph zu gewähren, das „Leben danach" zu beherrschen.

Eine Gemeinschaft aber darf nicht vergessen. Sie antwortet in den Formen ihres sozialen Umgangs und den Institutionen ihres staatlichen Gemeinwesens auf eine Vergangenheit, die nie vergeht. Wir müssen die Erinnerung an dieses düsterste Kapitel der deutschen Geschichte lebendig halten, eben weil wir zu einer Zukunft beitragen wollen, die eine solche Entwicklung für immer unmöglich macht.

Burkhard Jung
Oberbürgermeister der Stadt Leipzig

Einleitende Bemerkungen

Über siebzig Jahre nach der Machtergreifung der Nationalsozialisten in Deutschland, sechzig Jahre nach der Niederlage des Faschismus im Zweiten Weltkrieg ist die Erinnerung an die Terrorherrschaft der Nazis wie auch an den antifaschistischen Widerstand noch längst nicht verblasst. Im Gegenteil. Man könnte fast meinen, das Thema habe „Hochkonjunktur", sieht man die Fülle an Berichten, Dokumentationen und Forschungen in Buchform, in der Presse und im Fernsehen. Mit dem vorliegenden kleinen Band möchten die Herausgeber keineswegs ein neues Kapital in der medialen Verarbeitung dieses für Deutschland und die ganze Welt so bedeutsamen Geschichtsabschnitts aufschlagen. Unser Anliegen ist, die gegenwärtig im Raum Leipzig, vorrangig im Stadtgebiet, vorhandenen *Gedenkstätten, Denkmale, Erinnerungstafeln usw.*, die *Opfern des Faschismus und antifaschistischen Widerstandskämpfern* gewidmet und weitgehend *instand* sowie *allgemein zugänglich* sind, möglichst vollständig aufzulisten und so der Öffentlichkeit einen raschen Überblick zu ermöglichen.

Jede Zeit, jede Gesellschaft schafft sich ihr eigenes Geschichtsbewusstsein. Die DDR, dem Selbstverständnis nach ein entschieden antifaschistisches Staatswesen, hat auf ihre Weise dem Vermächtnis der Opfer des Faschismus und der Kämpfer gegen die nationalsozialistische Gewaltherrschaft Ehrung erweisen wollen. In breitem Umfang und keineswegs immer nur aus ideologischen Gründen wurden Gedenkstätten geschaffen, doch vieles artete in seelenlosen Formalismus und Ritualisierungen aus. Nach der deutschen Vereinigung von 1990 hat es in Ostdeutschland Anstrengungen gegeben, nicht nur nach Antifaschisten benannten Schulen, Straßen und Plätzen neue Namen zu geben, auch manche Gedenkstätte oder Tafel sollte entfernt werden. Und tatsächlich ist dies in einigen Fällen geschehen; mancher Gedenkort fiel der Verwahrlosung anheim. Inzwischen scheint in dieser Frage ein Umdenken stattzufinden. Neue Ehrenmale wurden geschaffen, wie etwa das für die vertriebenen und ermordeten jüdischen Bürger in der Gottschedstraße, das für die Opfer der NS-Militärjustiz auf dem Bienitz oder jenes für die verfolgten Sinti und Roma im Schwanenteichpark. Vielleicht wird erst jetzt die Zeit reif für eine objektivere und differenziertere Geschichtsbetrachtung wie für eine wirklich würdige Ehrung jener Menschen, die unter dem Faschismus litten oder gegen ihn Widerstand leisteten.

Und es hat sie auch in Leipzig in nicht geringer Zahl gegeben! Im Einzelnen ließen sich unterschiedliche Gruppen von Opfern und Widerstandskämpfern auffinden: politisch Verfolgte im engeren Sinne, so Kommunisten, Sozialdemokraten oder Gewerkschafter, jüdische Opfer, verfolgte Sinti und Roma, Euthanasieopfer, Opfer religiöser Verfolgung wie die Zeugen Jehovas, Menschen, die aufgrund ihrer geschlechtlichen Orientierung verfolgt wurden, Verschleppte aus den von Deutschland angegriffenen und besetzten Ländern, Zwangsarbeiter und Kriegsgefangene, in Strafeinheiten gepresste Menschen, Opfer der Militärjustiz, vorgebliche „Asoziale" oder „Volksschädlinge", neben Teilnehmern am politischen Widerstand verschiedener Richtungen Angehörige des militärischen Widerstands, Vertreter der Kirchen, Spanienkämpfer, Emigranten und andere. Noch haben nicht alle Verfolgten, Opfer und Angehörigen des Widerstands eine Würdigung in Gestalt eines Gedenksteins oder einer Erinnerungstafel gefunden. So soll wenigstens an dieser Stelle ausdrücklich erwähnt werden, dass mit dem vorliegenden Band auch der unerwähnt gebliebenen Opfer und Widerstandskämpfer gedacht wird.

Ein Wort zu den Ordnungsprinzipien in diesem Band. Die Gedenkstätten für einzelne Verfolgte oder Widerstandskämpfer ließen sich unproblematisch nach den Namen der Persönlichkeiten alphabetisch geordnet aufführen. Dieses Prinzip konnte bei den Gruppengedenkstätten und den Erinnerungsstätten für die jüdischen Opfer der NS-Zeit nicht so ohne weiteres angewendet werden. Die Gedenkstätten für Gruppen von Verfolgten und Widerstandskämpfern werden hier im wesentlichen gemäß ihrer geographischen Lage in den Stadtteilen Leipzigs bzw. Umlandgemeinden aufgelistet, vom Stadtzentrum ausgehend im Uhrzeigersinn nach außen zu den Leipziger Randlagen und Landgemeinden verlaufend. Die Gedenkorte für die jüdischen Opfer sind folgendermaßen aufgeführt: zuerst die Gedenkstätten im engeren Sinne, dann Orte früheren bzw. gegenwärtigen jüdischen Lebens und schließlich die Friedhöfe.

Inschriften auf Denkmälern, Tafeln usw. werden vereinheitlicht in Groß- und Kleinschreibung kursiv wiedergegeben.

Hinweise der Leser zu inzwischen verschwundenen oder noch vorhandenen weiteren Gedenkstätten, Tafeln usw., die die Erinnerung an die Schrecken des Faschismus und an den Widerstand wach halten, sowie zu weiteren Gräbern von Opfern des Nationalsozialismus und von Antifaschisten nehmen wir gern entgegen. Sollte einmal eine zweite Auflage dieser Broschüre zustande kommen, würden solche Hinweise sicherlich manche Verbesserung ermöglichen.

Nicht unerwähnt bleiben soll, dass eine vom Arbeitsamt Leipzig bereitgestellte AB-Maßnahme erst die Erarbeitung der Broschüre gestattete. Eine Spendensammlung des Stadtverbandes Leipzig der VVN ermöglichte schließlich den Druck, und der Herausgeber möchte dafür allen Spendern aufrichtig danken.

Gedankt sei an dieser Stelle auch der Familie Rahel und Professor Dr. med. Ernst Springer, von der nicht nur maßgeblich die Initiative zur Erstellung dieses Bandes ausging, sondern auch umfangreiches Material zur Verfügung gestellt wurde, ohne das die Arbeit nicht hätte angefertigt werden können. Ebenso ist Dr. Dieter Kürschner zu danken, der selbstlos Einblick in eigene Unterlagen gewährte und wichtige Hinweise beisteuerte.

Die Herausgeber
Leipzig 2006

1. KAPITEL
Stätten des Gedenkens für einzelne Verfolgte und Widerstandskämpfer

Pater Aurelius Arkenau
geb. 07.01.1900 in Essen i. Oldenburg,
gest. 19.10.1991 in Bedburg-Kirchherten

Gedenktafel
am St. Albert Konvent, Leipzig-Wahren, Georg-Schumann-Straße 336

Inschrift:
Zum Gedenken an Pater / Aurelius Arkenau / 7.1.1900 – 19.10.1991 / der in diesem Hause / zahlreichen Verfolgten / des NS-Regimes, insbesondere / jüdischen Bürgern, / Schutz und Hilfe gewährt hat

In Leipzig-Wahren gibt es zudem den Pater-Aurelius-Platz und die Pater-Gordian-Straße, benannt nach dem Mitstreiter Arkenaus.

Joseph August Arkenau, der beim Eintritt in den Dominikanerorden den Namen Aurelius annahm, war in einer sehr konservativ geprägten Umgebung aufgewachsen. Er hatte ein streng katholisches Elternhaus; tägliches Gebet und Kirchgang am Sonntag waren feste Bestandteile des Familienlebens. Bei Kriegsausbruch 1914 fühlte sich der Heranwachsende mit Stolz und Hingabe seinem Vaterland verpflichtet. Kriegsende und Revolution lösten in ihm große Bestürzung aus. Durch den Versailler Vertrag, so meinte er, sei Deutschland zum „Spielball seiner Feinde" geworden. In subalternem Geiste erzogen, blieben ihm die Abschaffung der Monarchie und die Errichtung der parlamentarischen Republik unverständlich.

Während des Krieges hatte der junge Arkenau die schulische Ausbildung unterbrochen und auf dem Hof des Vaters in Brokstreek gearbeitet. 1919 trat er in die Ordens- und Missionsschule des Dominikanerordens in Füchtel ein. Im März 1921 bestand er die Reifeprüfung. Noch im selben Jahr wurde

Arkenau Novize im Orden. Wie von jedem Dominikanermönch gefordert, studierte er Philosophie und Theologie. 1928 erfolgte die Weihung zum Priester.

Die national-konservative Erziehung machte den Pater Aurelius Arkenau zunächst empfänglich für die Propaganda der Nationalsozialisten. Er hoffte auf eine christlich-nationale Erneuerung Deutschlands. Das praktische Erleben in Berlin, wo er seit 1934 als Seelsorger eingesetzt war, um sich greifender Rassismus, die Verfolgung Andersdenkender und Terror, ließen ihn jedoch bald erkennen, dass er „der Demagogie Hitlers zum Opfer" gefallen war. Eine tief in ihm angelegte humanistische Gesinnung führte ihn zum Widerstand gegen das NS-Regime. Nachdem er 1940 nach Leipzig versetzt worden war, ging er daran, von den Nationalsozialisten Verfolgte in der Wahrener Kaplanei St. Albert zu verstecken. Insgesamt mehr als einhundert Personen: Juden, Polen, Franzosen, Deserteure, selbst Kommunisten. Er suchte sichere Quartiere,

Teilansicht Konvent St. Albert in Leipzig-Wahren heute mit Gedenktafel für Pater Aurelius Arkenau, enthüllt am 20.10.1996

versorgte die ihm Anvertrauten mit Lebensmitteln und beschaffte falsche Papiere. Als Gefängnispfarrer im Frauengefängnis Meusdorf half er, neugeborene Kinder von Frauen, deren Todesurteil nach der Niederkunft vollstreckt worden war, bei antifaschistisch eingestellten Familien unterzubringen. Auch fand er Kontakt zu anderen Regimegegnern, so zum kommunistischen Arzt Dr. Karl Gelbke und zum späteren Leipziger Oberbürgermeister Dr. Erich Zeigner. Bescheiden sprach er später von seinem „kleinen Widerstand". Der Gestapo, die auch Arkenau ins Visier genommen und mehrfach verhört hatte, gelang es nicht, ihn zu überführen.

Gleich nach der Zerschlagung des Hitlerfaschismus engagierte sich Pater Aurelius Arkenau in den antifaschistischen Ausschüssen in Leipzig. Im Sommer 1945 schloss er sich der Berliner Initiative zur Gründung der Christlich-Demokratischen Union an. 1946 wurde Arkenau nach Essen i. Old. berufen.

Dr. Margarete Blank

geb. 21.02.1901 in Kiew
hing. 08.02.1945 in Dresden

Gedenkstätte mit Tafel
in Panitzsch, Dr.-Margarete-Blank-Straße

Inschrift:
In diesem Haus wohnte / von 1928 bis 1944 die / antifaschistische / Widerstandskämpferin / Dr. Margarete Blank / geboren am 21.2.1901 / ermordet am 8.2.1945

Die Grundschule in Panitzsch trägt den Namen Dr. Margarete Blank und es gibt im Ort einen Gedenkstein (Inschrift: *Dr. Margarete / Blank / * 21.2.1901 / hingerichtet / 8.2.1945 in Dresden / Den Lebenden / zur Mahnung*). Die sterblichen Überreste der Widerstandskämpferin sind im Ehrenhain auf dem Leipziger Südfriedhof beigesetzt.

Dr.-Margarete-Blank-Gedenkstätte in Panitzsch vor den Toren Leipzigs. Wohnhaus und Garten der Widerstandskämpferin sind heute zu einer sehenswerten Gedenk- und Begegnungsstätte ausgestaltet worden.

Margarete Blank wurde 1901 in Kiew geboren und wuchs mit Schwester und Bruder in einem bürgerlichen, liberal gesonnenen und humanistisch gebildeten Elternhaus auf. Revolutions- und Bürgerkriegswirren setzten der Familie schwer zu. Die Mutter kam 1920 bei einem Artillerieangriff in Kiew ums Leben. Anfang der 20er Jahre wanderten die Schwestern Margarete und Eleonore nach Deutschland aus. In Leipzig studierte Margarete Medizin. Mit dem Interesse für die Entwicklung in Sowjetrussland prägte sich auch ihre politische Haltung aus. Sie stand den Linken nahe, wiewohl sie niemals einer Partei beitrat. Die Blank-Mädchen lernten Gleichgesonnene kennen, unter anderem Dr. Georg Sacke, der später ein führender Antifaschist wurde. 1927 konnte Margarete ihr Studium erfolgreich abschließen und in einem Schreiben vom 4. November 1929 teilte ihr der Panitzscher Bürgermeister mit, dass die junge Ärztin in der Gemeinde eine Arztpraxis eröffnen könne.

Zusammen mit ihrer Schwester und Siegfried Behrsing, dem späteren Ehemann Eleonores, erwarb Margarete am Rande Panitzschs ein Grundstück. Die drei erbauten dort ein kleines Holzhaus, das später „Pilz" genannt wurde und heute die Gedenkstätte beherbergt. Im Ort unterhielt Margarete die Praxis und ging mit viel Engagement ihrer Arbeit nach, die für sie, die kinderlos geblieben war, Lebensinhalt und Erfüllung bedeutete. Zugleich wurde der „Pilz" immer mehr zu einem beliebten Treffpunkt eines sich vergrößernden Bekannten- und Freundeskreises. Mit einer medizingeschichtlichen Arbeit, der Leipziger Universität überreicht, promovierte Margarete 1932.

Die Machtergreifung der Nationalsozialisten veränderte auch die Lebenssituation Margaretes und der Behrsings. Margarete trat weder dem Nationalsozialistischen Ärztebund bei, noch hisste sie die Hakenkreuzfahne oder hob den Arm zum „deutschen Gruß". Siegfried Behrsing, der ähnlich Distanz zum Regime zeigte, wurde aus der Universität entlassen und musste nach Berlin gehen, wo er eine neue Anstellung gefunden hatte. Im Panitzscher Haus wurde es stiller. Margarete Blank widmete sich umso intensiver ihrer ärztlichen Arbeit. Diese Arbeit wurde schließlich auch zur Basis für ihr antifaschistisches Engagement.

So betreute sie während des Krieges als Betriebsärztin mit besonderer Aufmerksamkeit Kriegsgefangene und Zwangsarbeiter, die in den nahe gelegenen Taucharer Fabriken und Rüstungsbetrieben eingesetzt worden waren. Staatliche Anweisungen missachtend, beschaffte sie Medikamente für Häftlinge. Die Ärztin nutzte Patientengespräche und andere Kontakte, um Informationen über die Situation in den Betrieben, über die Art der Produktion, die Lage der Belegschaften und anderes mehr zu sammeln. Die Informationen wurden an andere Widerstandskämpfer weitergeleitet. Verbindung hatte sie auch zur Widerstandsgruppe um den Maler Alfred Frank.

Im Juli 1944 führten die Sicherheitskräfte einen Schlag gegen Leipziger Antifaschisten aus. Offenbar war das Regime auch auf die Ärztin in Panitzsch aufmerksam geworden. Margarete Blank wurde am 14. Juli zur Gestapo bestellt. Sie sollte nicht mehr nach Panitzsch zurückkehren. Eine konkrete Beteiligung am antifaschistischen Widerstand wurde ihr den erhalten gebliebenen Gerichtsdokumenten nach nicht nachgewiesen. Jedoch genügte dem Volksgerichtshof in Dresden eine Denunziation, sie wegen „schwer zersetzender Äußerungen" zum Tode zu verurteilen. Ihre Schwester und andere versuchten, eine Begnadigung zu erreichen; ein Gesuch wurde von mehr als zweihundert Menschen unterzeichnet. Doch am 8. Februar 1945 wurde das Urteil vollstreckt.

Heinrich Budde

geb. 28.01.1887 in Dorstfeld bei Dortmund
hing. 27.11.1944 in Berlin-Plötzensee

Gedenktafel
am Haus Heinrich-Budde-Straße 2, Ecke Coppiplatz

Inschrift:
Heinrich Budde / geb. 28.1.87, / Ingenieur, / am 27.11.44 als Kämpfer / gegen den Faschismus ermordet.

Kaspar Heinrich Budde hatte nach dem Besuch der Volksschule den Beruf des Zeichners gelernt und später an Abendkursen einer Maschinenbauschule teilgenommen. Zum Techniker qualifiziert, arbeitete er zunächst in Hannover und Duisburg, ab 1909 bei der Firma Bleichert in Leipzig. Nach dem Ersten Weltkrieg versuchte sich Heinrich Budde als selbständiger Transportunternehmer im Rheinland, kam jedoch Anfang der zwanziger Jahre nach Leipzig zurück. Von 1922 bis 1932 arbeitete er erneut im Unternehmen Bleichert, diesmal als Konstrukteur bzw. Ingenieur. Seine Leipziger Wohnungen

Tafel am Haus Heinrich-Budde-Straße 2, Ecke Coppiplatz

befanden sich in der Theresienstraße 44, später in der Dessauer Straße 39. Während der großen Weltwirtschaftskrise wurde auch Budde arbeitslos, erhielt aber noch 1932 eine neue Beschäftigung bei der Firma Geldschrank-Kästner und dann als Ingenieur bei der Mannesmann-Rohrleitungsbau AG. Die aufgeladene, menschenverachtende Atmosphäre der NS-Zeit wurde ihm zum Verhängnis. Im April 1943 äußerte er sich während einer Luftschutzwache im Betrieb abfällig über den Krieg. Ein Kollege denunzierte Budde, der verhaftet und vom Oberlandesgericht Dresden zu sieben Jahren Zuchthaus verurteilt wurde. Es folgte jedoch ein Revisionsverfahren vor dem Volksgerichtshof in Berlin. Heinrich Budde wurde wegen Wehrkraftzersetzung und Vorbereitung zum Hochverrat zum Tode verurteilt und hingerichtet.

Walter Cramer

geb. 01.05.1886 in Leipzig
hing. 14.11.1944 in Berlin

Gedenksäule
im Johannapark, am Weg zwischen Gustav-Mahler-Straße und Paul-Gerhardt-Weg

Inschriften:
(Vorderseite) *Walter Cramer / 1. Mai 1886 – 14. November 1944 / Leipziger Unternehmer / im Widerstand des 20. Juli 1944 / gegen den Nationalsozialismus / hingerichtet in Berlin-Plötzensee* (Südwestseite) *Der Tod eines 58jährigen ist nicht sinn / und zwecklos. Wenn man mir gedenken / in Ehren bewahrt, so wird man über mich / und meine Gesinnung, meine Arbeit und mein / Handeln nachdenken und – danach handeln / Walter Cramer / Untersuchungsgefängnis Tegel 26.10.1944* (Rückseite) *Im Mai 1996 die Stadt Leipzig* (Nordostseite) *Denken und Handeln / muss aus einem Stück sein J. G. Fichte / Walter Cramer / Untersuchungsgefängnis Tegel 26.10.1944*

Im Stadtteil Leipzig-Gohlis befindet sich überdies eine Walter-Cramer-Straße.

Der vielseitig gebildete, humanistisch erzogene Wilhelm Bernardo Walter Cramer wurde schnell zu einem erfolgreichen Unternehmer. Ab 1919 war er Geschäftsführer der Kammgarnspinnerei Gautzsch AG, ab 1923 Vorstandsmitglied der Leipziger Kammgarnspinnerei Stöhr & Co. AG.

Gedenksäule im Johannapark, enthüllt am 27.09.1996

Mit dem ehemaligen Leipziger Oberbürgermeister Carl Goerdeler verbanden ihn freundschaftliche Beziehungen. Wie Goerdeler fand er schließlich zum zivilen Widerstand gegen das Hitlerregime. Cramer gehörte der Widerstandsbewegung des 20. Juli 1944 an und sollte nach dem Staatsstreich als politischer Beauftragter für den Wehrkreis IV Dresden tätig werden. Das Attentat auf Hitler misslang. Am 22. Juli 1944 wurde Walter Cramer festgenommen. In der Haft setzten ihn die Schergen des NS-Staats schweren Misshandlungen aus, ohne aber seine Überzeugungen brechen zu können. Der Volksgerichtshof verurteilte ihn wegen Hoch- und Landesverrats zum Tode. Am 14. November 1944 wurde Walter Cramer in Berlin-Plötzensee gehenkt.

Georgi Dimitroff

geb. 18.06.1882 in Kowatschewzi, Bulgarien
gest. 02.07.1949 bei Moskau

Im Eingangsbereich des Bundesverwaltungsgerichts, Simsonplatz 1 (bis 1997: Georgi-Dimitroff-Platz) wird auf einer Tafel unter anderem an die Geschehnisse des Jahres 1933 erinnert: ... *und der Reichstagsbrandprozess (1933), / in dem der Holländer van der Lubbe / zum Tode verurteilt und der bulgarische / Kommunist Georgi Dimitroff frei- / gesprochen wurde. / Seit 1952 diente das Gebäude als / Georgi-Dimitroff-Museum* ...

Georgi Michailowisch Dimitroff, der aus einer armen, kinderreichen Familie stammte, begann im Alter von zwölf Jahren eine Lehre in einer Buchdruckerei. Frühzeitig suchte er Kontakt zur Arbeiterbewegung. 1897 trat er der Gewerkschaft bei, 1902 wurde er Mitglied der Bulgarischen Sozialdemokratischen Arbeiterpartei (sog. „Engsozialisten"). Als jüngster Arbeitervertreter wurde Dimitroff 1913 in das Parlament Bulgariens gewählt. Der entschiedene Gegner des imperialistischen Krieges geriet in der Zeit des Ersten Welt-

Gebäude des früheren Reichsgerichts, seit 2002 Sitz des Bundesverwaltungsgerichts

krieges in Haft. Die Oktoberrevolution in Russland 1917 prägte auch Dimitroffs weiteren Lebensweg entscheidend. Er gehörte 1919 zu den Mitbegründern der Bulgarischen Kommunistischen Partei und 1923 zu den Führern des Septemberaufstandes gegen das Militärregime in Bulgarien. Nach der Niederschlagung des Aufstandes emigrierte der zum Tode Verurteilte, unter anderem nach Wien, Berlin und Moskau. Von 1929 bis 1933 wirkte er illegal in Berlin als Leiter des Westeuropäischen Büros des EKKI (Exekutivkomitee der Kommunistischen Internationale). Nachdrücklich engagierte sich Dimitroff für die Schaffung der Einheitsfront der Arbeiterbewegung und von Volksfronten gegen Faschismus und Kriegsgefahr. Nach dem Reichstagsbrand nahmen die Nazis neben dem Holländer Marinus van der Lubbe und dem damaligen Vorsitzenden der kommunistischen Reichstagsfraktion Ernst Torgler auch Georgi Dimitroff und seine bulgarischen Genossen Blagoj Popoff und Vasil Taneff in Haft. Den Prozess in Leipzig vom 21. September bis zum 23. Dezember 1933 nutzte Dimitroff in international Aufsehen erregender Weise, um die nationalsozialistische Gewaltherrschaft bloßzustellen. Der Auftritt Görings wurde zum Desaster für das neue Regime. Das Gericht musste Torgler und die Bulgaren freisprechen. Nach neuerlicher Emigration in die UdSSR wurde Dimitroff 1935 Generalsekretär der Kommunistischen Internationale. Während der großen Repressalien in der Sowjetunion blieb Georgi Dimitroff unangetastet und seine Treue zu Stalin wirft die Frage auf, inwieweit ihn Mitschuld für die Unrechtstaten trifft. Nach Ende des Zweiten Weltkriegs, am 4. November 1945, kehrte Dimitroff in seine Heimat zurück. Als Ministerpräsident und später Generalsekretär der Bulgarischen KP hatte er maßgeblichen Anteil an der sozialistischen Umgestaltung des Landes. Die von ihm nachhaltig unterstützten Pläne zur Schaffung einer Balkanföderation (in der Hauptsache wurde eine Verbindung von Jugoslawien und Bulgarien anvisiert) kamen nicht mehr zur Verwirklichung; nicht zuletzt der Bruch zwischen Stalin und Tito 1948 hatten ihnen die politische Grundlage entzogen.

Alfred Frank

geb. 28.05.1884 in Lahr, Baden
hing. 12.01.1945 in Dresden

Gedenktafeln
Wächterstraße 11, Hochschule für Grafik und Buchkunst, Eingangshalle
Alfred-Frank-Straße 11

Inschriften:
Wächterstraße 11: *Maler / Alfred Frank / geb. 28.5.1884 / Kämpfer gegen den Faschismus / ermordet am 12.1.1945*
Alfred-Frank-Straße 11: *Alfred Frank / 1884–1945 / proletarischer / Künstler und / antifaschistischer / Widerstandskämpfer / Von den Faschisten / am 12.1.1945 ermordet / 30 Jahre wohnte / er in diesem Haus*

Ehrenmal
in Leipzig-Grünau, Innenhof zwischen Sirius- und Taurusweg

Inschrift:
Ich habe das / stille aber feste / Vertrauen, dass / mein Schaffen / und mein Wollen / einer Zeit / angehören / die nicht / in Äonen / untergehen / wird / Alfred Frank

Neben der im Stadtteil Leipzig-Schleußig nach Alfred Frank benannten Straße gibt es in Leipzig-Reudnitz einen Alfred-Frank-Platz. Außerdem befindet sich im Eingangsbereich der „Mätzschker's Festsäle", Gießerstraße 66, noch immer eine Gedenkbüste Alfred Franks. Das Kulturhaus trug jahrzehntelang den Namen des Künstlers und Widerstandskämpfers. Von 1957 bis 1990 hieß die Kaserne an der Olbrichtstraße „Alfred-Frank-Kaserne"; ein dort befindliches Denkmal wurde 1990 geschleift.
Alfred Frank wurde 1884 in Lahr, Baden, als Sohn eines Gärtners geboren. Nach Absolvierung der Volksschule erlernte er den Beruf des Lithographen und besuchte die Kunstgewerbeschule seines Heimatortes. Er arbeitete in verschiedenen Gegenden, so in Offenbach und in Leipzig. 1906 trat er der SPD bei. Im Ersten Weltkrieg diente Frank an der Westfront. Die Erlebnisse dort ließen ihn zum entschiedenen Kriegsgegner werden. 1916 nahm er Kontakt zur Spartakusgruppe (Karl Liebknecht u. a.) auf, 1919 schloss sich Frank der KPD an. Er beteiligte sich an den bewaffneten Kämpfen der Arbeiter gegen den Kapp-Putsch und in Leuna.

Ehrenmal in Leipzig-Grünau

Gedenktafel für Alfred Frank am Haus Alfred-Frank-Straße 11

Unterdessen fand er noch die Zeit, seine künstlerische Ausbildung fortzusetzen. 1923 schloss er mit „sehr gutem Erfolg" das Abendstudium an der Leipziger Kunstakademie ab. In der Folgezeit hatte er verschiedene Gelegenheiten, eigene Arbeiten in Ausstellungen zu zeigen, unter anderem 1924 auf der „Ersten Allgemeinen deutschen Kunstausstellung" in Moskau, Saratow und Leningrad. Alfred Frank wurde als Lehrer an der Leipziger Volkshochschule tätig und wirkte als Pressezeichner für verschiedene linke Zeitungen und Zeitschriften wie die „Sächsische Arbeiterzeitung" oder „Der Rote Sachsenspiegel". 1925 heiratete er Gertrud Graf. 1927 wurde Frank Vorsitzender des „Wirtschaftlichen Verbandes Bildender Künstler Leipzigs e.V.". Zwei Jahre später gründete er gemeinsam mit anderen fortschrittlichen Künstlern die Leipziger Gruppe der ASSO (Assoziation revolutionärer bildender Künstler Deutschlands). Zu Beginn der dreißiger Jahre lehrte er an der Marxistischen Arbeiterschule (MASCH). Außerdem leitete er die IfA-Kulturschau in Leipzig (IfA – Interessengemeinschaft für Arbeiterkultur).

Nach der Machtergreifung durch die Nazis bekam Alfred Frank schnell den Druck des neuen Regimes zu spüren. Bereits im Juni 1933 wurde er für sechs Wochen verhaftet, Kunstwerke wurden beschlagnahmt, zum Teil vernichtet; später folgte eine sechsmonatige Haftstrafe wegen „Verbreitung hochverräterischer Druckschriften". Aus der Haft entlassen, nahm er Kontakte zu anderen Regimegegnern auf. In den dreißiger Jahren bildete sich um Alfred Frank und sein Frau Gertrud eine kleine Widerstandsgruppe, der unter anderem Dr. Margarete Blank, die Ehepaare Hildegard und Wolfgang Heinze sowie Rosemarie und Dr. Georg Sacke angehörten. Seit etwa 1943 bestanden Kontakte zu Otto Engert, den Frank von früher her kannte, und damit zum Widerstandskreis um Georg Schumann wie auch zur Tätigkeit des NKFD (Nationalkomitee „Freies Deutschland"). Die Gruppe hörte Auslandssender, las politische Bücher, beschaffte Informationen, unterstützte Kriegsgefangene mit Lebensmittel- und Kleidersammlungen und verbreitete Losungen und Handzettel. Am 19. Juli 1944 wurde Alfred Frank, wie auch andere Aktivisten des Widerstands, verhaftet. Das am 23. November ausgesprochene Todesurteil vollstreckten die Nazis am 12. Januar 1945 im Hof des Landgerichts Münchner Platz in Dresden.

Dr. Carl Goerdeler

geb. 31.07.1884 in Schneidemühl
hing. 02.02.1945 in Berlin

Ehrenmal
Martin-Luther-Ring, Westseite Neues Rathaus. Die in den Boden vertiefte, kreisförmige Anlage trägt eine ausführliche Inschrift.

Gedenktafel
Rathenaustraße 23, ehemaliges Wohnhaus der Familie Goerdeler. Die Tafel wurde 2004 – anlässlich des Gedenkens an den 60. Jahrestag des 20. Juli 1944 von der Stadt Leipzig im Beisein von Angehörigen angebracht. Lebensdaten erinnern an Carl Goerdeler.

Zudem ist ein Abschnitt des Leipziger Innenstadtrings, zwischen Dittrichring und Tröndlinring, nach Goerdeler benannt: Goerdelerring.

Ist der Name des ehemaligen Oberbürgermeisters der Stadt wohl auch jedem Leipziger bekannt, so fehlt es doch den meisten der heute Lebenden an näheren Kenntnissen zum Lebensweg und zur politischen Biographie dieses in der Zeit des Nationalsozialismus sicherlich bedeutendsten Kommunalpolitikers der Messestadt.

Carl Friedrich Goerdeler war von der Ausbildung her Jurist. Eher national und konservativ eingestellt, wurde er Mitglied der Deutschnationalen Volkspartei. Von 1920 bis 1930 bekleidete er das Amt des Zweiten Bürgermeisters von Königsberg in Ostpreußen. Der Weimarer Republik mit ihren schwierigen sozialen und politischen Auseinandersetzungen stand er skeptisch gegenüber. Grundsätzlich wirtschaftsliberal eingestellt, betonte er die Rolle der Leistungen von Eliten in Gesellschaft und Staat. Seine Vision war die von einer parteiunabhängigen, sachlich arbeitenden und dem Gemeinwohl verpflichteten Beamtenregierung.

1930, während der Weltwirtschaftskrise, übernahm Carl Goerdeler das Amt des Oberbürgermeisters von Leipzig. Mit Sparmaßnahmen und Straffung der Verwaltung, begleitet von sozialem Engagement, gelang es ihm, sich in Leipzig und über die Stadtgrenzen hinaus Ansehen und Geltung zu verschaffen. Das Kabinett Brüning machte ihn 1931 zusätzlich zu seinem Bürgermeisteramt noch zum Reichskommissar für Preisüberwachung.

2004 am Wohnhaus angebrachte Gedenktafel

1999 eingeweihte Goerdelergedenkanlage am Martin-Luther-Ring

Nach der Machtergreifung durch die Nationalsozialisten fügte sich Goerdeler zunächst dem neuen Regime. Er arbeitete mit, beteiligte sich unter anderem 1935 an der Umgestaltung der deutschen Gemeindeordnung. Selbst die Politik gegenüber den jüdischen Bürgern akzeptierte Goerdeler anfänglich noch. Angesichts der immer stärker um sich greifenden Aufhebung des Rechtsstaats und des menschenverachtenden Charakters des faschistischen Rassenwahns geriet Carl Goerdeler jedoch immer stärker in Opposition zur Hitlerdiktatur. Schließlich bedurfte es nur noch eines Anlasses, um deutlich auf Distanz zum Regime zu gehen. Als er sich 1936 auf einer Finnland-Reise befand, wurde auf Veranlassung von NSDAP-Leuten aus dem Leipziger Rathaus das Denkmal Felix-Mendelssohn-Bartholdys wegen dessen jüdischer Herkunft entfernt. Daraufhin verzichtete Goerdeler, obwohl wieder gewählt, am 1. Juli 1937 auf das Amt des Oberbürgermeisters. Allein schon dieser mutige und äußerst symbolträchtige Schritt, gewagt in Zeiten des Terrors, ehrt ihn.

Goerdeler blieb in den folgenden Jahren nicht untätig. Er wirkte als Berater des Bosch-Konzerns und unternahm mehrere Auslandsreisen. Die so genannte „Reichskristallnacht" 1938 bestärkte ihn, endgültig den Weg des antifaschistischen Widerstands zu beschreiten. So versuchte er, über Hermann Göring Hitler zu beeinflussen und vom expansionistischen Kurs abzuhalten. Nach Beginn des Zweiten Weltkriegs setzte sich in Goerdeler die Erkenntnis durch, dass nur die Ausschaltung der Person des „Führers" eine nationale Katastrophe verhindern könnte, wobei ihm vorschwebte, Hitler verhaften zu lassen (als Christ lehnte er ein Attentat oder die Hinrichtung ab). In Denkschriften legte er seine Gedanken zur Neuordnung Deutschlands und zur deutschen Außenpolitik dar. Seinen Vorstellungen nach war eine durchaus noch „autoritär" zu nennende, allerdings rechtsstaatlich verfasste, durch parlamentarische Einrichtungen kontrollierte und durch gestärkte kommunale Selbstverwaltung beschränkte Präsidialherrschaft anzustreben. In außenpolitischer Hinsicht hielt er an der Annexion Österreichs und der Sudetengebiete fest.

Ideen und Engagement brachten Goerdeler in Kontakt mit anderen dem NS-Regime kritisch gegenüber stehenden Kräften des bürgerlichen und nationalkonservativen Lagers. Ab etwa 1940/41 entwickelte sich um Goerdeler und General Ludwig Beck herum eine Widerstandsgruppe, die ein weites Netz von Kontakten zu Gleichgesinnten knüpfte, nicht zuletzt zu den Offizieren um Claus Graf Schenk von Stauffenberg. Umsturzpläne nahmen konkrete Gestalt an. Goerdeler selbst, wenn er auch weiterhin einem Attentat ablehnend gegenüber stand und so eher an den Rand des Geschehens rückte, sollte nach der Beseitigung Hitlers Reichskanzler werden.

Goerdelers Wirken war nicht vom Regime unbemerkt geblieben sein. Bereits am 17. Juli 1944, drei Tage vor dem Anschlag auf Hitler, erging ein Haftbefehl gegen den Verschwörer. Goerdeler tauchte unter und wurde erst nach einer Denunziation am 12. August 1944 verhaftet. Es folgten qualvolle Wochen in der Berliner Prinz-Albrecht-Straße. Am 8. September verhängte der Volksgerichtshof das Todesurteil. Am 2. Februar 1945 wurde Carl Goerdeler in Berlin-Plötzensee hingerichtet.

Die letzte Leipziger Wohnung des Patrioten und Widerstandskämpfers befand sich im Stadtteil Leutzsch, Rathenaustraße 23.

Arthur Heidrich

geb. 02.07.1900 in Burghausen
gest. 04.06.1936 in Waldheim

Gedenktafel
in Burghausen am Gebäude Am Dorfplatz 21

Inschrift:
Gedenktafel / zu Ehren des durch den / Faschismus gemordeten / Arthur Heidrich / geb. 2.7.00 / gest. 4.6.36 in Waldheim

In Leipzig-Burghausen gibt es überdies einen Arthur-Heidrich-Platz mit Ehrenmal (Inschrift: *Ruhm und Ehre / den antifaschistischen / Widerstandskämpfern*). Beerdigt ist Arthur Heidrich auf dem Friedhof der heute zu Leipzig gehörenden Gemeinde Böhlitz-Ehrenberg, OT Gundorf.

Arthur Heidrich zählt zu den vielen Opfern des Nationalsozialismus, die schon in jungen Jahren ihr Leben einbüßten. So ist auch nur wenig über ihn bekannt. Er war Maurer und Mitglied der KPD. Von 1926 bis 1933 engagierte er sich in Burghausen als Gemeindeverordneter. Nach der Machtergreifung durch die Nazis wurde er verhaftet und schwer misshandelt. An den Folgen von Haft und Misshandlung starb er 1936 im Zuchthaus Waldheim.

Grabstätte Arthur Heidrich in Gundorf

Burghausen, Arthur-Heidrich-Platz, Ehrenmal

Gedenktafel am Haus Am Dorfplatz 21

Walter Heise

geb. 08.09.1899 in Aschersleben
hing. 08.02.1945 in Dresden

Gedenkstein
in Leipzig-Holzhausen, Wohngebiet Walter-Heise-Straße

Inschrift:
Walter / Heise / 1899 – 1945

Überdies gibt es in Holzhausen die Walter-Heise-Straße. Im Hofgebäude des Grundstücks Russenstraße 18, Leipzig-Probstheida, hatte Walter Heise gewohnt. Der Sportplatz am Emil-Altner-Weg in Holzhausen trug vor 1990 Heises Namen; nach dem Mitkämpfer Alfred Zschille war der Sportplatz an der Arthur-Polenz-Straße in Holzhausen benannt.

Walter Heise entstammte einer Arbeiterfamilie, der Vater war Schlosser und Sozialdemokrat, und ergriff den Beruf des kaufmännischen Angestellten. Nach dem Ersten Weltkrieg wurde er Mitglied der SPD. 1924 kam er nach Leipzig

Gedenkstein für Walter Heise

und lernte bald seine spätere Frau Klara Burgdorff kennen. Für den politisch aktiven Heise war es nicht einfach, in der Messestadt Beschäftigung zu finden; immer wieder wurde er entlassen. 1931 trat er der KPD bei. Heise engagierte sich in der Erwerbslosenbewegung und wandte sich frühzeitig gegen die faschistische Gefahr. Nach dem Machtantritt der Nazis arbeitete Walter Heise im Widerstand. Als Instrukteur der KPD half er unter anderem, in Probstheida und Stötteritz Flugblätter zu verbreiten. 1934 wurde er verhaftet und zu zwei Jahren und neuen Monaten Zuchthaus verurteilt, die er im Gefängnis in Zwickau verbrachte. In der folgenden Zeit konnte er wieder nur mit Mühe Arbeit finden. Im März 1943 entging Walter Heise knapp der Einberufung zur berüchtigten Strafeinheit 999; der Betriebsleiter der Firma Fränkel und Viebahn, bei der er gerade arbeitete, hatte sich für ihn eingesetzt. Heise ließ sich vom Terror der Nazis nicht einschüchtern und beteiligte sich am Aufbau des NKFD in Leipzig. Im Juli 1944 führte das nationalsozialistische Regime einen großen Schlag gegen die Widerstandsbewegung. Auch Walter Heise, der unter polizeilicher Überwachung gestanden hatte, wurde schließlich am 15. August 1944 erneut verhaftet. Wegen „Wehrkraftzersetzung" und „Feindbegünstigung" verurteilte der Volksgerichtshof in Dresden den Antifaschisten zum Tode.

Karl Jungbluth

geb. 17.03.1903 in Hannover
hing. 12.01.1945 in Dresden

Gedenktafel
am Haus Karl-Jungbluth-Straße 35 (früher Münchner Straße), in dem der Antifaschist seine letzte Wohnung hatte.

Inschrift:
Hier lebte und arbeitete von 1937 – 1944 / Karl Jungbluth / Mitglied der Widerstandsgruppe / Schumann, Kresse, Engert / Geboren 17. März 1903 / Hingerichtet 12. Januar 1945 in Dresden

Karl Jungbluth hatte den Beruf des Optikers erlernt und gehörte vor 1933 keiner Partei an, sympathisierte jedoch mit der KPD. Nach der faschistischen Machtergreifung arbeitete er zunächst illegal für die Partei in Chemnitz. Im Frühjahr 1934 verhaftet, wurde er zu einem Jahr und acht Monaten Zuchthaus verurteilt. Nach der Entlassung aus dem Zuchthaus setzte er in Leipzig die Widerstandsarbeit fort. Hier hatte er 1937 eine Anstellung als Leiter der Filiale der Optikerfirma Meder am Lindenauer Markt finden können.

Gedenktafel am Haus Karl-Jungbluth-Straße 35

Jungbluth gehörte fortan zusammen mit Arthur Hoffmann und William Zipperer zu den führenden Mitgliedern einer illegalen kommunistischen Gruppe. Hauptschwerpunkt ihrer Tätigkeit war die Arbeit in Betrieben, insbesondere in Rüstungsbetrieben. Während des Zweiten Weltkrieges beteiligte sich die Gruppe am Aufbau der Bewegung „Freies Deutschland". Jungbluths Wohnung in der damaligen Münchner Straße 35 wurde häufig als Treffpunkt für Gespräche und Kontakte der Illegalen genutzt. Hier fand auch Anfang Juni 1944 die letzte Besprechung von Georg Schumann, dem prominenten Mitglied einer weiteren Widerstandsgruppe, William Zipperer und Dr. Theodor Neubauer, der in Thüringen Widerstand organisierte, statt.

Im Juli 1944 erfolgte die Verhaftung Karl Jungbluths. Das Todesurteil gegen ihn und andere Antifaschisten wurde am 12. Januar 1945 im Hof des Landgerichts am Münchner Platz in Dresden vollstreckt.

Alfred Kästner

geb. 12.12.1882 in Leipzig
erm. 12.04.1945 in Lindenthal b. Leipzig

Denkmal
im Hof der Alfred-Kästner-Schule in Leipzig-Lindenthal, Gartenwinkel 30
Inschrift:
Alfred / Kästner / 1882 – 1945

Auch im Eingangsbereich der Schule wird an Alfred Kästner erinnert. Neben seinem Bildnis und der Urkunde zur Namensgebung der Schule ist ein biographischer Abriss ausgestellt. Südlich vom Leipziger Stadtzentrum gibt es die Alfred-Kästner-Straße; im Haus Nr. 20 hatte der Widerstandskämpfer gewohnt.

Alfred Kästner hatte als selbständiger Holzkaufmann gearbeitet. Von 1914 bis 1918 musste er Militärdienst leisten. Er schloss sich der Spartakusgruppe an

Erinnerung an Alfred Kästner im Eingangsbereich der Lindenthaler Schule

und wurde während der Novemberrevolution 1918 in einen Arbeiter- und Soldatenrat gewählt. In Leipzig gehörte er zu den Mitbegründern der KPD. Nach der Machtergreifung durch die Nationalsozialisten stellte Alfred Kästner sein Büro für Treffen von KPD-Funktionären und für die Herstellung von Flugblättern zur Verfügung. Noch 1933 wurde er verhaftet und nach zwanzig Monaten Untersuchungshaft und schweren Misshandlungen zu zwei Jahren und acht Monaten Zuchthaus verurteilt. Danach verschleppten ihn die Nazis bis 1939 in die KZ Sachsenburg und Buchenwald. Nach der Haftentlassung nahm Kästner den illegalen Kampf wieder auf. Er hatte Kontakte zur Gruppe um Georg Schumann und stellte zum Beispiel Verbindungen nach Westdeutschland her. Am 1. März 1945 verhaftete die Gestapo Alfred Kästner erneut. Gemeinsam mit über fünfzig weiteren Häftlingen wurde er am 12. April 1945 auf dem Exerzierplatz in Lindenthal durch Genickschuss ermordet.

Kurt Kresse

geb. 15.05.1904 in Leipzig
hing. 11.01.1945 in Dresden

Gedenkstein
im Hof der Schule Stöckelstraße 45

Inschrift:
Kurt Kresse / Ein Kommunist

Gedenkstein
Sportplatz Diezmannstraße 16, Kleinzschocher, zur Zeit (2005) eingelagert, soll wieder aufgestellt werden

Inschrift:
Kurt Kresse / geboren 15.5.1904 / hingerichtet 11.1.1945

In Leipzig-Kleinzschocher gibt es die Kurt-Kresse-Straße. In den Häusern Emil-Schubert-Straße 2 und Helmholtzstraße 35 (früher Kanzler- bzw. Rudkowskystraße) hatte Kurt Kresse gewohnt.

Gedenkstein für Kurt Kresse, Schulhof Stöckelstraße 45

Der gelernte Buchdrucker war bereits 1920 aktiver Funktionär im Kommunistischen Jugendverband Deutschlands (KJVD). 1924 wurde er Mitglied der KPD. Kurt Kresse gehörte dem AM-Apparat (Anti-Militärischer Apparat) und der Bezirksleitung Westsachsen der KPD an und war Leiter des Arbeitersportvereins „Fichte-West" in Leipzig und Mitglied der „Kampfgemeinschaft für rote Sporteinheit". Schon 1933 wurde Kresse von den Nazis verhaftet und in die KZ Colditz und Hohnstein verschleppt; 1935 erfolgte eine weitere Inhaftierung. Aus der Haft entlassen, wurde er im antifaschistischen Widerstandskampf aktiv. Kurt Kresse bildete gemeinsam mit Otto Engert, Aenne Hoppe, Georg Schumann, Georg Schwarz und anderen eine der aktivsten Widerstandsgruppen in Leipzig. Die Gruppe baute Kontakte zu Antifaschisten in anderen Regionen in Deutschland auf, etwa in Thüringen und in Berlin. Kresse widmete sich insbesondere dem Widerstand in Rüstungsbetrieben. Er übermittelte illegale Flugblätter, regte Sabotageaktionen an und organisierte von seinem Arbeitsplatz in einem der Werke aus Hilfe für sowjetische, tschechische und slowakische Zwangsarbeiter. Die Gruppe, die zunächst hauptsächlich im Kampf der Arbeiterklasse die Gewähr für den Sieg über den Faschismus sah, näherte sich nach und nach den Positionen des NKFD an, das die Notwendigkeit breiterer Bündnisse betonte. Am 19. Juli 1944 wurde Kurt Kresse verhaftet. Wie andere Angehörige des Widerstandskreises um Georg Schumann verurteilten die NS-Richter auch ihn zum Tode. Am 11. Januar 1945 wurde Kurt Kresse in Dresden mit dem Fallbeil hingerichtet.

Herrmann Liebmann

geb. 18.08.1882 in Paunsdorf
gest. 06.09.1935 in Leipzig

Auf dem Friedhof Leipzig-Sellerhausen an der Riesaer Straße befindet sich die Grabstätte Liebmanns. Östlich vom Leipziger Stadtzentrum gibt es die Hermann-Liebmann-Straße.

Herrmann Liebmann hatte den Beruf des Formers (Gießereiwesen) erlernt und war langjähriger Gewerkschaftsfunktionär in Leipzig. Seit 1912 arbeitete er als Redakteur der „Leipziger Volkszeitung". 1917 nahm er am Gründungsparteitag der USPD in Gotha teil und schloss sich 1922 der SPD an. 1918, während der Novemberrevolution, gehörte Liebmann dem Leipziger Arbeiter- und Soldatenrat an. Von 1918 bis 1923 war er Stadtverordneter in Leipzig und Abgeordneter des sächsischen Landtages. 1923 wurde er Innenminister in Sachsen. Als gegen Ende der Weimarer Republik die faschistische Gefahr immer größere Ausmaße annahm, setzte sich Liebmann, inzwischen Vorsitzender des Unterbezirkes Groß-Leipzig der SPD, für die Aktionseinheit mit der KPD ein. Bereits im März 1933 wurde er von der Gestapo verhaftet. Die Nazis verschleppten ihn in die KZ Colditz und Hohnstein. 1935 wurde er aus der Haft entlassen; er war erblindet. Wenig später verstarb Herrmann Liebmann an den Folgen von Haft und Folter.

Grabstätte Hermann Liebmanns in Leipzig-Sellerhausen

General Friedrich Olbricht

geb. 04.10.1888 in Leisnig
hing. 20.07.1944 in Berlin

Gedenkstein
auf dem Gelände der General-Olbricht-Kaserne Leipzig, im Juli 2004 eingeweiht

Inschrift:
General / Friedrich Olbricht / 20. Juli 1944

Nach General Olbricht sind die Kaserne in Leipzig-Gohlis – am Kaserneneingang befindet sich die Namenstafel – und eine Straße benannt, die am Kasernengelände vorbei führt und die Stadtteile Gohlis und Möckern voneinander trennt.
Der spätere General der Infanterie trat 1907 als Fahnenjunker in das 7. Infanterieregiment Nr. 106 ein, das an der heutigen Georg-Schumann-Straße stationiert war. Ein Jahr später wurde er zum Leutnant ernannt. Nach dem Ersten Weltkrieg diente er in seinem Heimatstandort als leitender Offizier des Auf-

Blick auf die Olbricht-Kaserne in Leipzig-Gohlis

lösungsstabes und der Abwicklungsstelle für die Leipziger Stäbe und Truppenteile. Mit seinem Wissen um die örtlichen politischen und militärischen Bedingungen verhalf er im Mai 1919 den Truppen General Maerckers, als diese nach Leipzig vordrangen, um die Novemberrevolution in der Stadt niederzuschlagen, zu einem schnellen Sieg. Ab 1920 diente Friedrich Olbricht im Stab der 4. Infanteriedivision in Dresden. In seiner Stabsfunktion konnte er während des so genannten Röhm-Putsches mehrere geplante Morde verhindern. 1938 übernahm Olbricht das Kommando über die 24. Infanteriedivision in Chemnitz, die er auch in den Kriegen gegen Polen und Frankreich führte. 1940 wurde der General Chef des Allgemeinen Heeresamtes und 1943 zusätzlich Chef des Wehrersatzamtes des Oberkommandos der Wehrmacht. In diesen Jahren pflegte Olbricht Kontakte zu anderen NS-kritischen Offizieren und zu bürgerlichen Politikern wie dem Leipziger Oberbürgermeister Carl Goerdeler, die sich mit der Zeit zu Gegnern des Regimes entwickelt hatten. Als Vorgesetzter von Claus Graf Schenck von Stauffenberg gehörte Friedrich Olbricht zu den Verschwörern vom 20. Juli 1944. Noch in der Nacht nach dem Attentat auf Hitler wurde Olbricht im Hof des Allgemeinen Heeresamtes im Bendlerblock in Berlin erschossen.

Rudi Opitz

geb. 19.02.1908 in Leipzig
erm. 07.08.1939 im KZ Buchenwald

Gedenkstein
Landsberger Straße 130, Endstelle der Straßenbahn
Inschrift:
Im Gedenken / Rudi Opitz / geb. 19.2.1908 / erm. 7.8.1939 / im KZ Buchenwald

Zu Zeiten der DDR trug der Betriebsbahnhof der Straßenbahn an der Landsberger Straße den Namen „Rudi Opitz". In Leipzig-Gohlis gibt es außerdem die Rudi-Opitz-Straße. In Leipzig wohnte Opitz zuletzt in der Georg-Schumann-Straße 4 (früher Hallische Straße) und in der Coppistraße 65 (früher Lothringer Straße).

Rudi (Rudolf) Opitz hatte nach dem Besuch der Volksschule den Beruf des Reproduktionsfotographen und Chemographen (Lithograph) erlernt. Zunächst arbeitete er in Niedersedlitz bei Dresden, dann in Düsseldorf. 1929

Gedenkstein für Rudi Opitz

kehrte er nach Leipzig zurück. Erst einmal arbeitslos, widmete er sich der politischen Tätigkeit. Er engagierte sich im KJVD und für die KPD und wurde schließlich Mitglied der Stadtleitung der Partei.

1934 wurde er kurzfristig dienstverpflichtet bei den Junkers-Flugzeugwerken in Köthen angestellt. Dort wie auch nach der Rückkehr in Leipzig arbeitete Rudi Opitz illegal gegen die Nazi-Machthaber. Am 23. August 1935 verhafteten ihn die Sicherheitskräfte und der Volksgerichtshof in Berlin verurteilte den Antifaschisten zu zwei Jahren Zuchthaus. Die siebzehnmonatige Untersuchungshaft wurde ihm gutgerechnet, doch nach Verbüßung der verbleibenden Monate Haftzeit im Zuchthaus Zwickau verschleppten ihn die Nazis ins KZ Buchenwald.

Hier arbeitete Opitz zunächst im Häftlingskommando Buchbinderei und Bücherei. Aufgrund seiner beruflichen Ausbildung wurde er bald ins Fotolabor versetzt, wo er für SS-Offiziere Fotos und Fotoalben anzufertigen hatte. Rudi Opitz nutzte die Gelegenheit und begann, Bildmaterial über die Verbrechen der Nazis im Lager zu sammeln. Tatsächlich muss es gelungen sein, einzelnes aus dem KZ zu schmuggeln – vielleicht über entlassene Häftlinge –, denn schon bald erschienen in der internationalen Presse Fotos von der Hinrichtung eines Häftlings mitsamt der Schilderung des Tathergangs.

1939 sollte Rudi Opitz aus dem KZ entlassen werden. Sein Versuch, vorher noch wichtiges Fotomaterial an sich zu bringen, wurde während einer Routinekontrolle aufgedeckt. Die Nazis steckten ihn in den Bunker und misshandelten ihn schwer. Drei Tage ließen ihn die Schergen angekettet an einer überhitzten Dampfheizung in der Arrestzelle. Als es ihnen nicht gelang, von Opitz die Namen von Mitverschworenen zu bekommen, ermordete der SS-Scharführer Sommer den Antifaschisten. Im Nachhinein wurde diese Tat als Selbstmord ausgegeben.

Bruno Plache

geb. 18.08.1908 in Leipzig
gest. 10.02.1949 in Leipzig

Das Stadion des ehemaligen VfB Leipzig, in dem nunmehr der 1. FC Lokomotive Leipzig spielt, Connewitzer Straße 21, trägt den Namen „Bruno-Plache-Stadion".

Am Eingang des Stadions befand sich eine Gedenktafel mit der Inschrift: *Bruno Plache / 1908–1949*; die Tafel ist inzwischen verschollen.

Bruno Plache erlernte den Tischlerberuf und war von Jugend an sehr sportbegeistert. 1923 gründete er mit anderen jungen Sportfreunden eine Jugendgruppe des Arbeiter-Turn- und Sportbundes. Auch fand er schnell Kontakt zur organisierten politischen Arbeiterbewegung. 1925 wurde er Mitglied der KPD. In den Jahren von 1929 bis 1933 war Plache in Leipzig Stadtverordneter für die KPD und Funktionär des Kommunistischen Jugendverbandes Deutschlands. Er arbeitete in der Landesleitung der „Kampfgemeinschaft für Rote

Eingang zum Bruno-Plache-Stadion in Leipzig-Probstheida

Sporteinheit" und als Redakteur der Zeitung „Roter Sachsensport". Wie viele andere Gegner der faschistischen Herrschaft wurde er 1933 in „Schutzhaft" genommen. Aus der Haft entlassen, beteiligte sich Plache am illegalen Kampf der KPD in Leipzig und unterhielt Kontakte zur Gruppe um Arthur Hoffmann und zur Gruppe um Georg Schumann. 1940 wurde Bruno Plache zur Wehrmacht eingezogen. Als Nachrichten-Mechaniker musste er am Krieg gegen die Sowjetunion teilnehmen. Im September 1944 wurde er zum Arbeitsurlaub in die Leuna-Werke abkommandiert, die ihn jedoch aufgrund schlechter Gesundheit nicht einstellten. An Lungen-Tuberkulose erkrankt, konnte er sich der Rückkehr zur Front entziehen. Dabei half ihm auch der Leipziger Arzt Dr. Karl Gelbke, der noch viele weitere Antifaschisten unterstützt hatte. Nach 1945 gehörte Plache zu den Aktivisten der ersten Stunde und bemühte sich um den Aufbau einer neuen Sportbewegung. Im August 1945 wurde er Sportdirektor beim Rat der Stadt Leipzig. Sein Gesundheitszustand zwang ihn jedoch zu einem längeren Aufenthalt im Sanatorium Sonnenfels in Sülzhayn/Südharz. Nach schwerer Krankheit verstarb Bruno Plache am 10. Februar 1949.

Kurt Reinicke

geb. 26.02.1891 in Leipzig
gest. im Dezember 1938 im KZ Oranienburg

Denkmal
in Leipzig-Knauthain, Grünanlage Seumestraße

Inschrift:
Kurt Reinicke / Kämpfer für die / Interessen der / Arbeiterklasse / geboren am 26.2.1891 / ermordet: Dezember 1938 / im KZ Oranienburg

Der in Leipzig-Lindenau geborene Kurt Reinicke verlor schon früh seine Eltern und musste im Alter von sechs Jahren ins Waisenhaus. Nach Absolvierung der Volksschule erlernte er den Beruf des Kupferschmieds. Aus dem Ersten Weltkrieg kam er als Gefreiter zurück und trat der USPD bei. Er wurde Mitglied des Spartakusbundes, dann der KPD und kandidierte für die Partei bei den Kommunalwahlen. Von 1921 bis 1924 war Kurt Reinicke Abgeordneter des Gemeinderates von Knautkleeberg. Nach der Machtergreifung Hitlers ging er in den Untergrund. 1934 verhafteten ihn die Nazis und Reinicke wurde wegen „Vorbereitung zum Hochverrat" zu einer Zuchthausstrafe von drei Jahren und sechs Monaten verurteilt. Nachdem er die Haftstrafe in Waldheim verbüßt hatte, steckten ihn die Faschisten in das KZ Oranienburg. Schon kurze Zeit darauf verstarb Kurt Reinicke. Dass die Erinnerung an ihn in den Jahren der Haft nicht verblasst war, machte die Bestattungsfeier deutlich, die bereits am 13. Mai 1945 in Knauthain für ihn abgehalten wurde.

Gedenkstein für Kurt Reinicke

Dr. Georg Sacke

geb. 02.01.1902 in Kischinjow (heute Moldawa)
gest. 26.04.1945 nahe Lübeck

Gedenkbüste
im Park der früheren Klinik für Orthopädie und Rehabilitation „Dr. Georg Sacke", Prager Straße 224, dem jetzigen Humanitas e. V.
Im Zusammenwirken zwischen Parkkrankenhaus Leipzig, Humanitas e. V., Bürgerverein Probstheida und dem Bund der Antifaschisten e. V. wurden die Büste und die Stele erneuert und am 30. Oktober 2004 neu geweiht.

Inschrift:
Antifaschist / Dr. phil. / Georg / Sacke / 1902–1945

In Leipzig-Schönefeld befindet sich überdies die Sackestraße.

Der Sohn einer Deutschbaltin und eines Letten, im Russischen Reich geboren und somit zunächst russischer Staatsbürger, studierte ab Oktober 1921 an der Leipziger Universität. Er belegte Volkswirtschaftslehre und Philosophie, dann auch Staatslehre und Kultur und interessierte sich jedoch bald immer mehr für osteuropäische und russische Geschichte. Um sein Studium finanzieren zu können, arbeitete Sacke unter anderem als Hausmeister, Heizer und Gärtner im „Heim für gebrechliche Kinder – Humanitas" in Leipzig-Eutritzsch, Gräfestraße 23, das später in den Neubau in der heutigen Prager Straße umzog. 1927 konnte Georg Sacke das Studium abschließen, 1929 die Dissertation beenden. 1932 erhielt er die Lehrbefähigung und wurde Privatdozent an der Universität.

Während der Studienzeit gehörte Georg Sacke zeitweilig dem Sozialistischen Studentenbund an und zählte zu den Mitbegründern der „Vereinigung russischer Studenten in Deutschland – Sitz Leipzig". Bis 1933 lehrte er zudem an der Volkshochschule russische und sowjetische Geschichte. Hier kam er mit dem kommunistischen Maler Alfred Frank zusammen, mit dem er auch später im antifaschistischen Widerstand verbunden blieb.

„Marxistische Auffassungen historischer Probleme" und seine aufgeschlossene Einstellung zur Sowjetunion waren für die neuen Machthaber 1933 Anlass genug, Georg Sacke zu kündigen. Gemeinsam mit seiner Frau Rosemarie schloss er sich dem Widerstand an; insbesondere Diskussionsrunden zu theoretischen und politischen Fragen wurden organisiert. Schon 1934 verhafteten

ihn die Nazis; gut ein Jahr verbrachte er im Gefängnis in Dresden und im KZ Sachsenburg. Die 1931 erlangte deutsche Staatsbürgerschaft wurde ihm wieder aberkannt. Nach der Haft sammelte sich um Georg Sacke und Alfred Frank ein kleiner Kreis von Regimegegnern, unter ihnen das Ehepaar Dr. Hildegard und Wolfgang Heinze, der Arzt Dr. Josef Schölmerich und die Panitzscher Ärztin Dr. Margarete Blank.
Nach Jahren der Arbeitslosigkeit erhielt Georg Sacke 1940 eine Anstellung als Referent für Osteuropa am Hamburger Institut für Weltwirtschaft e. V. und zog in die Hansestadt. Trotzdem ließ er den Kontakt zu der Gruppe in Leipzig nicht abbrechen. Im Zuge der Gestapo-Aktion gegen das Nationalkomitee Freies Deutschland im Juli 1944 gerieten Georg und Rosemarie Sacke erneut ins Visier der Sicherheitsbehörden. Am 15. August 1944 wurden die beiden festgenommen. Ohne dass ihnen ein Prozess gemacht wurde, führte ihr Leidensweg zunächst in das Hamburger Stadtgefängnis. Georg Sacke wurde später in das Lager Hamburg-Neuengamme verlegt, Rosemarie in norddeutsche Arbeitserziehungslager eingeliefert. Im Frühjahr 1945 evakuierten die Nazis das KZ Neuengamme. Obwohl schwer erkrankt, musste sich auch Georg Sacke auf den Todesmarsch in Richtung Lübeck begeben. Unterwegs wurde er von der SS misshandelt. Sacke brach zusammen und kam um; der Sterbeurkunde nach ist der Todestag der 26. April 1945.
Rosemarie Sacke überlebte die nationalsozialistische Gewaltherrschaft. Nach 1945 leitete sie unter anderem die ABF (Arbeiter-und-Bauern-Fakultät) an der Leipziger Universität. Zuletzt arbeitete sie als Lehrerin für Marxismus-Leninismus an der Theaterhochschule. Rosemarie Sacke verstarb am 19. April 1997 in Leipzig.

Gedenkbüste für Georg Sacke auf dem Humanitas-Gelände Prager Straße 224

Alfred Schmidt (genannt: Sas)

geb. 26.03.1895 in Schlegel bei Zittau
hing. 05.04.1943 in Berlin-Plötzensee

Gedenkstätte
auf dem Gelände der Alfred-Schmidt-Sas-Schule in Leipzig-Kleinzschocher, Kantatenweg; schlechter Zustand

Inschrift:
Alfred / Schmidt-Sas / geboren: 28.3.1895 / ermordet: 5.4.1943

Im Stadtteil Leipzig-Gohlis gibt es die Sasstraße. Im Haus Arndtstraße 35 hatte Alfred Schmidt-Sas gewohnt.

Alfred Schmidt, Sohn eines Bäckers, hatte als Pilot im Kampfgeschwader Richthofen am Ersten Weltkrieg teilgenommen und war als Antimilitarist heimgekehrt. 1921 schloss er das Lehrerseminar in Löbau ab. Danach arbeitete er unter anderem ein Jahr als Hafenarbeiter in Hamburg. In den zwanziger

Gedenkstätte für Alfred Schmidt-Sas auf dem Schulgelände am Kantatenweg

Jahren gehörte Schmidt zeitweilig der KPD an. Von 1922 bis 1933 war er als Musiklehrer an verschiedenen Leipziger Schulen tätig, zuletzt an der damaligen 55. Schule in Leipzig-Kleinzschocher. Neben seiner beruflichen Tätigkeit ließ er sich am Leipziger Konservatorium zum Konzertpianisten ausbilden. Aufgrund seiner antifaschistischen Gesinnung wurde er 1933 aus dem Schuldienst entlassen und festgenommen, jedoch bereits am 1. Mai 1933 wieder freigelassen. Alfred Schmidt ging nach Berlin und verdiente als privater Klavierlehrer seinen Lebensunterhalt. Er erwarb sich einen guten Ruf als Musikpädagoge und unterrichtete auch Kinder von Film- und Theatergrößen; Gisela May, später in der DDR eine bekannte Sängerin und Schauspielerin, gehörte zu seinen Zöglingen. Für seine Freunde war er stets „Sas", ein Kürzel für „Schmidt aus Schlegel". In Berlin fand Alfred Schmidt Kontakt zur Widerstandsgruppe Hanno Günthers, die unter anderem Flugblätter verbreitete. 1941 wurde die Widerstandsgruppe zerschlagen und die Nazis verhafteten auch Schmidt und verschleppten ihn ins KZ Sachsenhausen. Nicht zuletzt aufgrund der Intervention einflussreicher Künstler kam Schmidt-Sas im Frühjahr 1942 wieder frei, doch wurde er bereits im Juni erneut verhaftet. Das Gericht verurteilte ihn wegen illegaler Arbeit zum Tode. Anfang April 1943 wurde Alfred Schmidt-Sas in Berlin-Plötzensee hingerichtet.

Ernst Schneller

geb. 08.11.1890 in Leipzig
erm. 11.10.1944 im KZ Sachsenhausen

Gedenktafel
am Haus Delitzscher Straße 38, Geburtshaus Ernst Schnellers

Inschrift:
Ernst / Schneller / Pädagoge / Hervorragender / Militärpolitiker / und / Propagandist / der KPD / Am 8.11.1890 / in diesem Hause / geboren / Ermordet / im KZ / Sachsenhausen / am 11.10.1944

Auf dem Gelände der ehemaligen Ernst-Schneller-Oberschule in Leipzig-Mölkau, Schulstraße 6, gibt es ein Ernst Schneller gewidmetes Relief.

In dem in Leipzig-Eutritzsch geborenen Sohn eines Eisenbahners reifte schnell der Wunsch, Lehrer zu werden. Von 1905 bis 1911 besuchte Ernst Schneller das Lehrerseminar in Grimma, das er mit der Note „vorzüglich" abschloss. Den Ersten Weltkrieg verbrachte Ernst Schneller zunächst als Soldat und Of-

Relief in Mölkau, Schulgelände Schulstraße 6

fizier in Frankreich, später an der Ostfront. 1918 gehörte er einem Soldatenrat in der Ukraine an.
Von 1919 bis 1924 arbeitete Schneller als Lehrer in Schwarzenberg/Erzgebirge. Er wurde Mitglied der SPD und wirkte aktiv im Kampf gegen den Kapp-Putsch mit. 1920 trat er der KPD bei. Von 1921 bis 1924 war er für die Partei Abgeordneter des Landtages in Sachsen, von 1924 bis 1933 Mitglied des Preußischen Landtages und des Reichstages. Er leitete von 1929 bis 1932 die Reichsparteischule „Rosa Luxemburg" der KPD in Fichtenau bei Berlin. Ernst Schneller stieg in höchste Führungsgremien der KPD auf, wurde Mitglied des Zentralkomitees und des Politbüros, war verantwortlich für die Militärpolitik der Partei und von 1924 bis 1929 Vorsitzender der Bundesleitung des Rot-Frontkämpfer-Bundes (RFB). 1928 nahm Schneller am VI. Weltkongress der Kommunistischen Internationale teil.
Schon am 28. Februar 1933 wurde er von der Gestapo verhaftet. Die Nazis warfen ihn zunächst ins Gefängnis Berlin-Moabit und ins KZ Sonnenburg. Das Reichsgericht in Leipzig verurteilte ihn zu sechs Jahren Haft. Nach Verbüßung der Haft im Zuchthaus Waldheim wurde Schneller in das KZ Sachsenhausen verschleppt. Dort beteiligte er sich an der Organisation antifaschistischer Widerstandsgruppen. Im August 1944 steckten ihn die KZ-Schergen zur Isolierung in den berüchtigten Zellenbau des Lagers. Am 11. Oktober 1944 wurde Ernst Schneller zusammen mit anderen Häftlingen ermordet.

Wandtafel am Haus Delitzscher Straße 38

Georg Schumann

geb. 28.11.1886 in Reudnitz bei Leipzig
hing. 11.01.1945 in Dresden

Gedenkstätte und Gedenktafel
auf dem Gelände bzw. im Erdgeschoss der Schule Glockenstraße 6 (bzw. Nürnberger Straße), heute Georg-Schumann-Schule, die Georg Schumann von 1893 bis 1899 besucht hatte

Tafelinschrift:
Georg Schumann / Widerstandskämpfer / geboren am 28. Nov. 1886 / von den Faschisten am 11. Jan. 1945 / ermordet / besuchte unsere Schule von 1893 – 1899

Durch die Leipziger Stadtteile Gohlis, Möckern und Wahren verläuft die Georg-Schumann-Straße in Richtung Halle. Im Reudnitzer Haus Tiefe Straße 10 wurde Georg-Schumann geboren, im Haus Raustraße 6, Leipzig-Wahren, hatte er von 1939 bis 1944 gewohnt.

Nach dem Besuch der Volksschule hatte Georg Schumann den Beruf des Schlossers erlernt, den er in den folgenden Jahren in Erfurt und Jena ausübte. 1905

Gedenkstätte für Georg Schumann auf dem Schulgelände Glockenstraße

trat er der Gewerkschaft und der SPD bei. Von 1907 bis 1912 leitete er die Gauorganisation der Thüringer Arbeiterjugend. Bedeutsam für seine Entwicklung wurde die Verbindung zu Karl Liebknecht seit 1910 und zu Rosa Luxemburg. Ab 1914 arbeitete er in der Lokalredaktion der „Leipziger Volkszeitung". Während des Ersten Weltkrieges stand Georg Schumann auf Seiten der linken Sozialdemokraten. Er gehörte der Spartakus-Gruppe an und setzte sich für die Beendigung des imperialistischen Krieges ein. 1916 wurde er aus der Redaktion der LVZ entfernt und zum Militär einberufen. An der Front setzte er die Antikriegsarbeit fort; ein Gericht verurteilte ihn 1917 zu sechs Monaten Militärgefängnis. Im Zuge der revolutionären Ereignisse von 1918 wurde er Mitglied eines Soldatenrates an der Ostfront.

Nach dem Krieg gehörte Schumann zu den Mitbegründern der KPD in Leipzig und nahm verschiedene Funktionen in der Partei wahr, unter anderem als Politischer Sekretär des Bezirkes Halle-Merseburg, später für Westsachsen, und als Mitglied des Zentralkomitees. 1922 nahm Georg Schumann am IV. Weltkongress der Kommunistischen Internationale teil. 1925/26 gehörte er der Leitung der Roten Gewerkschaftsinternationale an. Schumann war von 1921 bis 1924 Abgeordneter des preußischen Landtages, von 1928 bis 1933 Reichstagsabgeordneter.

Wandtafel im Innern der Schule

Am 7. Februar 1933, unmittelbar nach der Machtergreifung durch die Nationalsozialisten, nahm Georg Schumann an der illegalen Tagung des ZK der KPD im Sporthaus Ziegenhals bei Berlin teil. Er ging in den Untergrund und wurde im Juni 1933 in Breslau verhaftet. Die Richter verurteilten ihn zu drei Jahren Haft, die er im Zuchthaus Waldheim verbrachte. Nach Verbüßung der Haftzeit verschleppten ihn die Nazis bis 1939 in die KZ Sachsenburg und Sachsenhausen.

Nach der Entlassung arbeitete Georg Schumann als Werkzeugmacher in einem kleinen Betrieb in Leipzig-Leutzsch. Zugleich setzte er den Widerstandskampf fort. In den Kriegsjahren war er maßgeblich am Aufbau einer der bedeutendsten kommunistischen bzw. stark kommunistisch geprägten Gruppen in Leipzig beteiligt. Neben der illegalen Arbeit in Betrieben wurden Verbindungen nach Berlin, Hamburg, Thüringen, Bayern und zu anderen Reichsteilen geschaffen. Nach Diskussionen mit anderen Widerstandsgruppen näherte sich auch diese Gruppe den Überlegungen des NKFD an, obgleich noch immer sehr die führende Rolle der Kommunisten bei der Zerschlagung des Faschismus betont wurde. Der Kreis um Georg Schumann wurde später von der NS-Justiz nach den mutmaßlich führenden Köpfen als „Schumann-Engert-Kresse-Gruppe" bezeichnet.

Im Zuge eines umfangreichen Schlages gegen den antifaschistischen Widerstand und das NKFD verhafteten die Sicherheitsbehörden am 19. Juli 1944 nach Verrat Schumann und viele weitere Aktivisten. Der Volksgerichtshof in Dresden am Münchner Platz verurteilte den Antifaschisten wegen „Hochverrats" zum Tode. Am 11. Januar 1945 wurde Georg Schumann hingerichtet.

Georg Schwarz

geb. 27.03.1896 in Zwenkau
hing. 12.01.1945 in Dresden

Gedenktafel*
auf dem Gelände Georg-Schwarz-Straße 181, ehemalige Eisengießerei Jahn,
(Tafel stark beschädigt)

Inschrift:
In diesem Betriebe / wirkte der Vorkämpfer / der Arbeiterbewegung / Georg Schwarz / geboren am 27. März 1896 / ermordet von den Faschisten / am 12. Januar 1945

Eine weitere Gedenktafel befindet sich am Haus Merseburger Straße 92 / Ecke Georg-Schwarz-Straße,

Inschrift:
Georg Schwarz / Metallarbeiter, später Steinsetzarbeiter / geb. 1896, / kommunist. Landtagsabgeordneter von 1929 – 33, / wurde als Leipziger Kämpfer gegen den Faschismus / am 12.1.1945 hingerichtet.

In den Häusern Am langen Felde 17 und Georg-Schwarz-Straße 24 in Leipzig-Leutzsch bzw. Leipzig-Lindenau hatte Georg Schwarz gewohnt.

Georg Schwarz, ein gelernter Bäcker, hatte am Ersten Weltkrieg teilgenommen und war zu Kriegsende in einen Arbeiter- und Soldatenrat gewählt worden. Zunächst der SPD, dann der USPD beigetreten, wurde er 1920 Mitglied der KPD. Er fand Beschäftigung in Leipzig, zunächst als Metallarbeiter in der Firma Schumann & Co., wo er dem Betriebsrat angehörte, jedoch nach einem Streik entlassen wurde. Ab 1921 arbeitete Schwarz in der Eisengießerei von Max Jahn in Leipzig-Leutzsch. Hier wirkte er als Zellenleiter der KPD, Gewerkschaftsfunktionär und Betriebsratsvorsitzender. 1929 wurde Schwarz Abgeordneter des sächsischen Landtages. Zugleich arbeitete er als politischer Sekretär der KPD für die Unterbezirke Leipzig, Flöha, Zwenkau.
Nach der Machtübernahme durch die Nationalsozialisten wurde Georg Schwarz bis 1934 in die KZ Hohnstein und Sachsenburg verschleppt. Nach

---

* Das Fabrikgebäude wurde 2004 abgerissen, die Gedenktafel ist seitdem verschwunden.

Tafel zur Erinnerung an Georg Schwarz am Haus Merseburger Straße 92 / Ecke Georg-Schwarz-Straße

der Entlassung aus der Haft schloss er sich dem illegalen Kampf an. 1943/44 gehörte er dem Widerstandskreis um Georg Schumann an (die so genannte „Schumann-Engert-Kresse-Gruppe"). Er verbreitete antifaschistische Flugblätter und arbeitete unter Zwangsarbeitern, vor allem unter den französischen in Espenhain, die er mit politischen Informationen versorgte. Im Juli 1944 wurde Georg Schwarz erneut verhaftet und am 12. Januar 1945 in Dresden im Hof des Landgerichts am Münchner Platz hingerichtet. Der Benennung jener Magistrale in Leutzsch in Georg-Schwarz-Straße war 1945 eine Unterschriftensammlung der Anwohner vorausgegangen.

Gedenktafel an der Werkhalle, Georg-Schwarz-Straße 181 (Aufnahme von 2003)

Werner Seelenbinder

geb. 02.08.1904 in Stettin
hing. 24.10.1944 in Brandenburg

Gedenktafel
im Gebäudekomplex Jahnallee 59 (ehemalige Deutsche Hochschule für Körperkultur)

Inschrift:
Sportler / Kämpfer gegen / Faschismus und Krieg / Vorbild / Werner Seelenbinder / 2.8.1904 – 24.10.1944

Zu Zeiten der DDR trug der Glockenturm des Leipziger Zentralstadions den Namen „Werner-Seelenbinder-Glockenturm". Im Stadtteil Leipzig-Möckern befindet sich die Seelenbinderstraße.

Der Tischler und Transportarbeiter Werner Seelenbinder wurde einer der bekanntesten Arbeitersportler und Ringer seiner Zeit. Mehrfach errang er den Titel des deutschen Meisters im klassischen Ringkampf (Halbschwergewicht).

Gedenktafel für Werner Seelenbinder im Foyer Jahnallee 59

1928 nahm er an der I. Internationalen Spartakiade der Roten Sportinternationale in Moskau teil und wurde Sieger in seiner Disziplin. In diesen Jahren schloss er sich auch der KPD an. Im Auftrag der Kampfgemeinschaft für Rote Sporteinheit trat er nach der nationalsozialistischen Machtergreifung einem legalen Sportverein bei, um die Möglichkeit zu erhalten, sich für die Olympischen Spiele qualifizieren zu können. Seelenbinder schaffte die Qualifikation und nahm an der Olympiade 1936 in Deutschland teil. Sportreisen ins Ausland nutzte er, um Kurierdienste für die KPD zu leisten. Nach Beendigung seiner sportlichen Laufbahn arbeitete er bei AEG in Berlin-Treptow und später in einem Rüstungsbetrieb in Marienfelde. Der Kommunist unterstützte Zwangsarbeiter und half Familienmitgliedern von inhaftierten Widerstandskämpfern. Näheren Kontakt hatte er zur Berliner Gruppe um Robert Uhrig. Am 4. Februar 1942 wurde Werner Seelenbinder von der Gestapo verhaftet. Ein Leidensweg durch mehrere Zuchthäuser und Konzentrationslager begann. Im Zuchthaus Brandenburg wurde Werner Seelenbinder am 24. Oktober 1944 hingerichtet.

Professor Dr. med. Paul Carly Seyfahrth

geb. 14.01.1890 in Leipzig
gest. 27.10.1950 in Leipzig

Gedenkpyramide
auf dem Gelände des Städtischen Klinikums „Sankt Georg", hinter Haus 11.1, Delitzscher Straße 141, mit liegender Tafel

Inschrift:
Dank für Schutz / in der Nacht / des Terrors / Errichtet von einer Gruppe / sowjetischer Kriegsgefangener / am 19. April 1945

Paul Carly Seyfahrth beteiligte sich bereits frühzeitig an Hilfsaktionen des Roten Kreuzes. Auf verschiedenen Reisen nach Bosnien, Herzegowina, Montenegro, Serbien und in die nördliche Türkei konnte er als junger Arzt Erfahrungen auf dem Gebiet der Seuchenhygiene sammeln. Sie kamen ihm zugute, als er 1922/23 im Rahmen der Russlandhilfe, die für die Notleidenden der Dürre- und Hungerkatastrophe eingerichtet worden war, tätig wurde. Die humanistische Grundeinstellung behielt Carly Seyfahrth sein Leben lang bei.

Gedenkpyramide für Professor Seyfahrth auf dem Gelände des Klinikums

1929 wurde der Mediziner Chefarzt und Leiter der Medizinischen Abteilung des Leipziger Sankt-Georg-Krankenhauses. Er leitete das Haus bis zu seinem Tod 1950. Zu seinen besonderen Leistungen auf klinischem Gebiet zählt die Einführung der Sternalpunktion. Auch publizistisch ist Seyfahrth tätig geworden. Sein Buch „Der Arzt im Krankenhaus" wurde geradezu als Ärzte-Knigge bezeichnet.

Während des Krieges wies man polnische und sowjetische Kriegsgefangene mit epidemischen Krankheiten in das Krankenhaus ein. Auf Anweisung Prof. Seyfahrths hin wurden die Gefangenen nach ihrer Gesundung versteckt gehalten. Sie dankten es ihm, indem sie nach Kriegsende den Gedenkstein auf dem Klinikgelände errichteten. Ein gleichzeitig verfasstes Dankschreiben enthält die Worte: „Unserem lieben Professor Dr. Carly Seyfahrth von einer Kriegsgefangenengruppe in größter Dankbarkeit überreicht, weil er uns lange Zeit vor den feindlichen Händen des faschistischen Drachens geschützt und unser Leben und unsere Gesundheit bewahrt hat. Er als Professor und großer Wissenschaftler verstand jeden von uns als Menschen und sorgte für die Menschenrechte." 1988 wurde eine Tafel mit Inschrift zu Füßen der Pyramide hinzugefügt.

Ernst Thälmann

geb. 16.04.1886 in Hamburg
erm. 18.08.1944 im KZ Buchenwald

Gedenkstein
in der Grünanlage am Radefelder Weg im Leipziger Ortsteil Lützschena-Stahmeln

Inschrift:
Ernst / Thälmann / geb. 16.4.1886 / von den / Faschisten / am 18.8.1944 / im KZ / Buchenwald / ermordet

In Leipzig-Volkmarsdorf gibt es den Ernst-Thälmann-Platz. Vor 1990 wurde in und um Leipzig das Andenken an Thälmann in mannigfacher Form bewahrt; so existierten verschiedene Gedenksteine und -tafeln, die Eisenbahnstraße hieß Ernst-Thälmann-Straße usw.

Ernst Thälmann, der Hafenarbeiter aus Hamburg, gehörte zweifellos zu den bedeutendsten Führern der deutschen Arbeiterbewegung. Nach dem Ersten Weltkrieg löste er sich von der SPD, zu deren linken Flügel er gehört hatte, wandte sich zunächst der USPD zu und unterstützte schließlich die Vereinigung von USPD und KPD. Bereits 1921 wurde er Vorsitzender der Hamburger Ortsgruppen der neuen Partei. Von 1919 bis 1933 gehörte Thälmann der Hamburger Bürgerschaft an. Maßgeblich beteiligte er sich an Organisation und Führung des Hamburger Aufstandes von 1923. Er profilierte sich zum Sprecher des linken Parteiflügels und wurde 1925 zum Vorsitzenden der KPD gewählt. Thälmann engagierte sich für die Umsetzung der Vorgaben der Kommunistischen Internationale in Deutschland und betrieb in den Jahren 1928/29 eine heftige gegen die Sozialdemokratie gerichtete politische Agitation. Nur Wochen nach der faschistischen Machtergreifung, am 3. März 1933, wurde Thälmann verhaftet. Einen ordentlichen Prozess hat er nie erhalten. Elf Jahre musste der kommunistische Politiker in Einzelhaft zubringen. Sein Leidensweg führte ihn durch das Untersuchungsgefängnis Berlin-Moabit, das Gerichtsgefängnis Hannover, das Zuchthaus Bautzen und schließlich ins KZ Buchenwald. Aus noch nicht geklärten Gründen ist Thälmann nicht von der sowjetischen Führung frei gehandelt worden. Der Überlieferung nach soll er, als ihm in der Haft mitgeteilt wurde, dass Deutschland in die UdSSR einmarschiert sei, geantwortet haben: „Stalin bricht Hitler das Genick". 1944 wurden auch Thälmanns Frau Rosa und seine Tochter Irma verhaftet und ins KZ Ravensbrück verschleppt. Im August 1944 wies Hitler die Ermordung Thälmanns an. Der KPD-Führer wurde ins KZ Buchenwald gebracht und dort am 18. August 1944 hinterrücks erschossen. Seinen Leichnam haben die Nazis unverzüglich im Krematorium verbrannt. In der DDR wurde Ernst Thälmann zum Mythos.

Gedenkanlage für
Ernst Thälmann in Leipzig-Lützschena

Erich Zeigner

geb. 17.02.1886 in Erfurt
gest. 05.04.1949 in Leipzig

Gedenktafel
Zschochersche Straße 21
Inschrift:
*In diesem Hause wohnte / Prof. Dr. / Erich Zeigner / *17.2.1886 †5.4.1949 /
1921 – 1923 Justizminister und / 1923 Ministerpräsident Sachsens / 1945 – 1949
Oberbürgermeister / der Stadt Leipzig*

Gedenkstein
Erich-Zeigner-Allee 62, auf dem Gartengelände des Grundstücks von IG Metall und Gewerkschaft Nahrung-Genuss-Gaststätten
Inschrift:
*Erich Zeigner / *1886 †1949 / 1922 – 1923 Sächsischer Ministerpräsident / 1946
– 1948 Leipziger Oberbürgermeister / Überzeugter Demokrat in schwieriger Zeit
/ streitbarer Anwalt für soziale Gerechtigkeit / von Reaktionären und Faschisten
verfolgt und bedroht / von Gewerkschaftern geachtet und geschätzt*

Im Haus Zschochersche Straße 21 hatte Erich Zeigner gewohnt; der Erich-Zeigner-Haus e. V. betreut die Wohnung. Auf dem Leipziger Südfriedhof befindet sich Zeigners Grabstätte.

Erich Moritz Zeigner hatte von 1905 bis 1908 in Leipzig Rechtswissenschaft und Volkswirtschaft studiert und den Beruf des Juristen ergriffen. 1919 wurde er Mitglied der SPD und 1921 trat der linke Sozialdemokrat als Justizminister in die sächsische Landesregierung ein. 1923 wurde er Ministerpräsident der sächsischen Regierung, der schließlich neben Sozialdemokraten auch Kommunisten angehörten. Noch im Oktober 1923 trieben die Reichsregierung und die Reichswehr die Landesregierung auseinander. Gegen Erich Zeigner wurde ein Gerichtsverfahren eröffnet. Nach der Haftentlassung 1925 trat er vor allem als Redner und Journalist und für die SPD als Parteiarbeiter hervor und setzte sich angesichts der heraufziehenden faschistischen Gefahr für die Zusammenarbeit mit anderen linken Kräften ein, auch mit Kommunisten. Nach der Machtergreifung durch die Nationalsozialisten schloss sich Erich Zeigner einer sozialdemokratischen Widerstandsgruppe an, die einige

Haus Zschochersche Straße 21

Gedenkstein Erich-Zeigner-Allee 62

illegale Flugschriften herausbrachte, ehe sie im August 1934 entdeckt wurde. Zeigner wurde verhaftet, jedoch 1935 mangels handfester Beweise freigesprochen. Auch nach den missglückten Anschlägen auf Adolf Hitler vom 8. November 1939 und vom 20. Juli 1944 nahmen die Sicherheitskräfte Zeigner in Haft, mussten ihn jedoch beide Male schon bald wieder auf freien Fuß setzen. Der Antifaschist hielt in dieser Zeit Kontakt zu Gleichgesinnten und half, so weit er konnte, verfolgten Nazigegnern und jüdischen Mitbürgern. 1945 gehörte er zu den Mitbegründern der Leipziger Antifa-Bewegung. Aktiv setzte er sich für die Vereinigung von KPD und SPD ein. Ernannt vom sowjetischen Militärkommandanten, N. I. Trufanow, wirkte Prof. Erich Zeigner vom 16. Juli 1945 an bis zu seinem Tode als Oberbürgermeister Leipzigs.

Clara Zetkin

geb. 05.07.1857 in Wiederau (Sachsen)
gest. 20.06.1933 in Archangelskoje bei Moskau

Büste
Karl-Heine-Straße 22b, auf dem Gelände der ehemaligen Pädagogischen Hochschule „Clara Zetkin", heute Universität

Inschrift:
Ich will dort kämpfen / wo das Leben ist / Clara Zetkin

Denkmal
am Rande des Johannaparks, Karl-Tauchnitz-Straße/Ecke Marschnerstraße

Inschrift:
Ich will dort kämpfen / wo das Leben ist / Alle große Kunst lebt / von dem geistigen Herzblut / einer großen Gemeinschaft / Clara Zetkin

Überdies gibt es den Clara-Zetkin-Park. Im Haus Nordstraße 12 (ist zerstört) hatte Clara Zetkin von 1874 bis 1878 die Steybersche Schule besucht und ihre pädagogische Ausbildung erhalten. In den Häusern Moschelesstraße 8 und 10 sowie Marschnerstraße 5 hatte sie gewohnt.

Clara Zetkin geb. Eißner besuchte in den Jahren von 1874 bis 1878 das Lehrerinnenseminar in Leipzig. In der Messestadt kam sie auch mit der Arbeiterbewegung und den sozialistischen Bestrebungen ihrer Zeit in Berührung, nicht zuletzt durch ihren späteren Mann Ossip Zetkin. Im

Büste von Clara Zetkin,
Karl-Heine-Straße 22b

Arbeiterbildungsverein hörte sie Vorträge August Bebels und Wilhelm Liebknechts; später sollte sie selbst eine bekannte Rednerin werden und mehrfach auch in Leipzig auftreten. 1878 trat sie der Sozialistischen Arbeiterpartei Deutschlands bei. Da Clara Zetkin als Frau nach der Ausbildung nicht in öffentlichen Schulen angestellt werden konnte, arbeitete sie zunächst als Hauslehrerin.

In der Folgezeit wurde Clara Zetkin eine der bedeutendsten Persönlichkeiten der Arbeiterbewegung und insbesondere der Frauenbewegung. 1889 beteiligte sie sich an den Vorbereitungen zur Gründung der II. Internationale. 1893 traf sie erstmals mit Friedrich Engels zusammen. In den Jahren 1906/07 war sie die Vorsitzende des Bildungsausschusses der SPD. 1907 wurde sie zur Sekretärin des Internationalen Frauensekretariats gewählt. Den 8. März als internationalen Frauentag zu begehen, geht wesentlich auf einen Vorschlag Zetkins zurück. Von 1912 bis 1917 leitete sie die Frauenzeitschrift „Die Gleichheit", 1917 übernahm Clara Zetkin die Redaktion der Frauenbeilage der „Leipziger Volkszeitung". Entschieden wandte sie sich gegen Militarismus und Krieg, wofür sie 1915 zu einer Gefängnisstrafe verurteilt wurde.

Sie begrüßte die russische Oktoberrevolution und beteiligte sich 1918/19 an der Seite von Karl Liebknecht, Rosa Luxemburg und Franz Mehring an der Schaffung der KPD. Von 1919 bis 1924 und von 1927 bis 1929 war sie Mitglied der Zentrale bzw. des

Zetkin-Denkmal im Johannapark

Zentralkomitees der Partei. 1920 besuchte Clara Zetkin zum ersten Mal Sowjetrussland und traf mit Lenin zusammen. Von 1921 bis zu ihrem Tode gehörte sie dem Exekutivkomitee der Kommunistischen Internationale an. Als Alterspräsidentin eröffnete sie am 30. August 1932 den neu gewählten deutschen Reichstag. In ihrer Rede warnte sie vor dem aufkommenden Faschismus und rief zum Kampf gegen die drohende Diktatur auf. Am 20. Juni 1933 verstarb die große Kämpferin der Arbeiter- und Frauenbewegung. Ihre Urne wurde an der Kreml-Mauer beigesetzt.

William Zipperer

geb. 27.12.1884 in Dresden
hing. 12.01.1945 in Dresden

Gedenktafel
am Haus William-Zipperer-Straße 13

Inschrift:
Hier wohnte die Familie / Zipperer / von 1929 bis 1951 / William Zipperer wurde am / 27.12.1884 geboren – am 12.1.1945 / von den Faschisten ermordet.

Eine weitere Tafel befand sich bis 1989 im ehemaligen Haus der Handwerkskammer, Lessingstraße 7, heutige Villa e. V., im Saal (Inschrift: *William Zipperer / Relief-Graveur / *27.12.1884 in Dresden / Mitbegründer der KPD – führender Leipziger Antifaschist / und Mitglied des NKFD / Hingerichtet in Dresden 12.1.1945*); sie ist heute im Archiv der Kammer eingelagert.

William Zipperer, gelernter Graveur, besaß eine kleine Werkstatt und war ordentlich in die Handwerksrolle eingetragen. 1906 trat er der SPD und 1910

Gedenktafel am Grundstück William-Zipperer-Straße 13

der Gewerkschaft bei. In den Jahren des Ersten Weltkrieges war er in Leipzig Stadtverordneter. Antimilitaristisch eingestellt, zählte er zu den führenden Mitgliedern des Spartakusbundes in der Messestadt. Während der Novemberrevolution wurde er Mitglied eines Arbeiter- und Soldatenrates, 1919 auf der Festung Königsstein inhaftiert. Zipperer gehörte zu den Mitbegründern der KPD-Ortsgruppe in Leipzig, später zu den Mitgliedern der Leipziger Bezirksleitung der Partei. Von 1923 bis 1925 wirkte er als Redakteur der „Sächsischen Arbeiter-Zeitung", ab 1926 als Leiter der „UNS-Bücherstube". Nebenher hatte er sich noch in seinem Beruf selbständig gemacht.

Als bekannter Kommunist und Gegner der Nationalsozialisten wurde auch William Zipperer 1933 verhaftet, in ein Konzentrationslager verschleppt, später jedoch freigelassen. Nach der Entlassung aus der Haft schloss er sich dem illegalen antifaschistischen Kampf an. Seine Werkstatt diente als konspirativer Treffpunkt, die Regimegegner hörten Moskauer Rundfunk und verbreiteten Flugblätter. Gemeinsam mit Arthur Hoffmann unterstützte Zipperer die Arbeit von Widerstandsgruppen in Rüstungsbetrieben, unter anderem wurden illegale Schriften übermittelt. Auch zu Wehrmachtsangehörigen wurden Kontakte aufgebaut. Die Gruppe um Hoffmann, Jungbluth und Zipperer stand in Verbindung mit dem Widerstandskreis um Georg Schumann und Otto Engert. Im Juli 1944 erfolgte die erneute Verhaftung. Wegen „Vorbereitung zum Hochverrat" verurteilte der Volksgerichtshof William Zipperer zum Tode. Am 12. Januar 1945 wurde der Widerstandskämpfer in Dresden hingerichtet.

2. Kapitel
Stätten des Gedenkens für Gruppen von Verfolgten und Gegnern der NS-Diktatur

Für die ermordeten Stadtverordneten

Gedenktafel
Neues Rathaus, Martin-Luther-Ring 4 – 6, 2. Etage, neben dem Eingang zum Sitzungssaal

Inschrift:
In ehrendem Gedenken den vom / nationalsozialistischen Regime / ermordeten Stadtverordneten / 1933 – 1945 / Stadtverordnetenversammlung / der Stadt Leipzig 1994

Gedacht wird diesen ehemaligen Leipziger Stadtverordneten:
– Walter Albrecht (1892 – 1933), Zimmermann, USPD, seit 1920 Mitglied der KPD, aktiv in der Roten Gewerkschaftsopposition und im Rotfrontkämpferbund, vermutlich Freitod am 7. August 1933 im Leipziger Polizeigefängnis
– Carl Goerdeler (1884 – 1945), von 1930 bis 1937 Oberbürgermeister Leipzigs, gehörte zum Kreis der Widerstandskämpfer vom 20. Juli 1944, in Berlin-Plötzensee ermordet
– Kurt Günther (1895 – 1940), Redakteur der „Leipziger Volkszeitung", Mitglied der sozialdemokratischen Widerstandsgruppe „Fichte", im KZ Buchenwald gestorben
– Henri Hinrichsen (1868 – 1942), jüdischer Verleger, leitete die Edition Peters, 1929 Ehrendoktorwürde der Leipziger Universität, im KZ Auschwitz gestorben
– Arthur Hoffmann (1900 – 1945), Abgeordneter der KPD, organisierte gemeinsam mit Karl Jungbluth und William Zipperer eine Widerstandsgruppe, während des Zweiten Weltkriegs unter anderem Störaktionen in Rüstungsbetrieben, in Dresden hingerichtet

- Michael Kaczmierczak (1898 – 1933), Bauarbeiter, 1928 Spitzenkandidat der KPD bei den Kommunalwahlen, 1933 illegale Arbeit für die Partei, im berüchtigten Berliner SA-Quartier Columbia-Haus ermordet
- Julius Krause (1882 – 1938), Unternehmer, SPD-Mitglied, Vorsitzender des Centralvereins deutscher Staatsbürger jüdischen Glaubens in Leipzig, von 1923 bis 1924 und 1926 Stadtverordneter, nach der „Reichskristallnacht" verhaftet und im KZ Buchenwald ermordet
- Herrmann Liebmann (1882 – 1935), Former, Sozialdemokrat, Redakteur der „Leipziger Volkszeitung", von 1918 bis 1923 Stadtverordneter in Leipzig, ab 1923 sächsischer Innenminister, verstarb kurz nach der Haftentlassung
- Arthur Nagel (1890 – 1945), Maler und Lackierer, für die KPD Stadtverordneter, Reichstagsabgeordneter und später Angehöriger des sächsischen Landtags, 1933 verhaftet, nahm nach der Freilassung am illegalen Kampf gegen das NS-Regime teil, im KZ Mauthausen ums Leben gekommen
- Paul Nette (1903 – 1944), Bahnarbeiter, im Januar 1933 als Nachfolge-Kandidat für die KPD ins Leipziger Stadtverordnetenkollegium eingezogen, 1933 für einige Wochen im KZ Colditz interniert, anschließend Untergrundarbeit, ab September 1934 erneut in Haft, wurde 1944 in die SS-Sondereinheit Dirlewanger eingegliedert und kam nahe des slowakischen Šahy ums Leben

Gedenktafel im Neuen Rathaus

- Anna Schumann (1875 – 1935), Textilarbeiterin, zuerst Mitglied der SPD, 1920 KPD-Mitglied, später KPD(O), von 1919 bis 1929 Stadtverordnete in Leipzig, ab 1933 illegale Arbeit, 1934 verhaftet, an den Folgen von Misshandlungen verstorben, ihre Tochter Aenne Hoppe gehörte im Untergrund zu den wichtigsten Vertrauten Georg Schumanns
- Richard Teichgräber (1884 – 1945), Schlosser, Sozialdemokrat, organisierte in Sachsen illegale Gewerkschaftsarbeit, sammelte Informationen über die Aufrüstung der Nazis, im KZ Mauthausen ermordet
- William Zipperer (1884 – 1945), Kommunist, Redakteur der „Sächsischen Arbeiter-Zeitung", bildete gemeinsam mit Arthur Hoffmann und Karl Jungbluth eine der wichtigsten Widerstandsgruppen in Leipzig, beteiligt am Aufbau des NKFD, in Dresden hingerichtet

Denkmal für die ermordeten Sinti und Roma

Gedenkstein
im Schwanenteichpark am Opernhaus, Goethestraße

Inschriften:
Vorderseite: *Den Sinti und Roma, die Opfer / des nationalsozialistischen / Völkermordes wurden / I rikerpaske ap i Sinti de Roma, / kai weian maredes an o / manuschengromarepen / Stadt Leipzig 2003*
Rückseite: *Von 1933 bis 1945 wurden / Leipziger Sinti und Roma / deportiert und ermordet. / Deutsche sowie europäische / Sinti und Roma wurden als / Zwangsarbeiter in Leipziger / Rüstungsbetriebe verschleppt, / viele kamen dort um*

Am 25. März 2003 wurde im Schwanenteichpark eine Bronzeplastik der Öffentlichkeit übergeben, mit der an die in der Zeit des Nationalsozialismus verfolgten und ermordeten Sinti und Roma erinnert wird. Gemäß einem Himmler-Erlass vom Dezember 1942 fand im März 1943 – sechzig Jahre zuvor

Denkmal für die ermordeten Sinti und Roma im Schwanenteichpark

– die letzte zentral organisierte Deportation von Sinti und Roma in das Vernichtungslager von Auschwitz statt. Bis in die vierziger Jahre des 20. Jahrhunderts hinein hatten in Leipzig etwa 280 Angehörige dieser ethnischen Minderheit gelebt; sie arbeiteten als Musiker, Schausteller, Instrumentenbauer, Glasschleifer, Kleinhändler oder Fabrikarbeiter. Wahrscheinlich nur fünf haben den Völkermord der Nationalsozialisten überstanden. Zugleich wird mit der von Wieland Förster geschaffenen Plastik am Schwanenteich jener Sinti und Roma gedacht, die als Zwangsarbeiter in Leipziger Rüstungsbetrieben wie der Hugo Schneider AG in der Permoserstraße missbraucht und ausgebeutet wurden. Heute dürften in Deutschland ca. 70 000, in ganz Europa um die zehn Millionen Sinti und Roma leben. Noch immer sind die wirtschaftlichen, sozialen und politischen Existenzbedingungen vieler dieser oftmals verächtlich „Zigeuner" genannten Menschen außerordentlich schwierig, vor allem in unseren ost- und südosteuropäischen Nachbarländern, etwa in Nordböhmen, in der Slowakei oder in Balkanländern, in Regionen und Gesellschaften also, die mit den Auswirkungen von Systemwechsel und Strukturwandel nach 1989 sehr zu kämpfen haben. Die Bundesrepublik Deutschland kann einen Beitrag dazu leisten, dass sich hierzulande und andernorts bessere Bedingungen für die Bewahrung von Sprache und Kultur und die soziale Integration der Sinti und Roma bilden.

KZ Abtnaundorf

Denkmal
in Leipzig-Schönefeld, Theklaer Straße/Heiterblickstraße

Inschrift:
An / dieser Stelle / wurden / am / 18. April 1945 / achtzig / Widerstands / kämpfer / von / SS-Mördern / lebendig / verbrannt / Ihr Tod /sei / uns immer / Mahnung

Gedacht wird der Opfer von Abtnaundorf auch auf dem Ehrenhain des Leipziger Südfriedhofes; die Gedenktafel trägt die Inschrift: *Achtzig / unbekannte Opfer / des Faschismus / ermordet im April 1945 / im KZ Abtnaundorf.*

1943 wurden zwischen Thekla und Schönefeld Außenlager des KZ Buchenwald eingerichtet. Die Häftlinge sollten in den Erla-Werken Leipzig arbeiten, einem Konzern der Rüstungs-, genauer gesagt Flugzeugindustrie. Der Ur-

Obelisk zum Gedenken an die Opfer des Lagers Abtnaundorf

sprung dieses Konzerns geht auf eine 1932 im erzgebirgischen Erla gegründete Firma zurück, die sich mit dem Flugzeugbau befasste. Auf der Grundlage dieser Firma wurde 1934 die Erla-Maschinenwerk GmbH gegründet, kurz Erla-Werke. Im Zuge der faschistischen Kriegsvorbereitung und der Forcierung der Rüstungsindustrie während des Krieges expandierten die Erla-Werke beträchtlich. 1934 mit 111 Mitarbeitern begonnen, beschäftigten die Werke 1943 reichsweit 24 991 Arbeitskräfte, davon insgesamt 16 032 ausländische Zwangsarbeiter, Kriegsgefangene und KZ-Häftlinge. Rüstungsindustrie und KZ-System gingen Hand in Hand.

Als die amerikanischen Truppen immer näher auf Leipzig vorrückten, wurden ab dem 13. April 1945 Häftlinge aus den Lagern Abtnaundorf und Heiterblick auf den „Todesmarsch" in Richtung Teplice geschickt. Sie stießen auf Insassen anderer Lager, die ebenfalls in vermeintlich „sichere Gebiete" verlegt werden sollten. Viele kamen auf dem Marsch um, vor Hunger und Erschöpfung, auch bei alliierten Luftangriffen, nicht selten aufgrund von Grausamkeiten der Wachmannschaften. Kranke und gehunfähige Häftlinge waren in Abtnaundorf zurückgelassen worden, zusammen mit einigen Insassen aus einem anderen Erla-Lager um die 300 Menschen. Unter ihnen befanden sich auch viele ungarische Jüdinnen. Auf die Zurückgebliebenen wartete ein furchtbares Schicksal.

Am 18. April 1945, mittags gegen 12.30 Uhr, erhielten die Abtnaundorfer Häftlinge den Befehl, sich in einer Baracke einzufinden und die Fenster mit Decken zu verhängen. SS-Männer und Volkssturm-Leute pferchten die Häftlinge in die Baracke. Anschließend wurden die Außenwände mit brennbarer Flüssigkeit übergossen und angezündet. Die Bewacher schossen mit Panzerfäusten und Maschinenpistolen in die Flammen und auf all die, die verzweifelt zu fliehen versuchten. So starben in der brennenden Baracke oder am elektrisch geladenen Lagerzaun Dutzende Menschen. Als die amerikanischen Truppen eintrafen, fanden sie ca. 80 Leichen, manche nicht mehr identifizierbar. 60 bis 70 Häftlingen gelang es, zum Teil mit Brand- oder Schussverletzungen, zu entkommen, einige von ihnen starben später in Lazaretten. Von etwa 150 Häftlingen, die beim letzten Appell im April noch anwesend gewesen sein müssen, fehlte jede Spur. Die gefundenen Opfer wurden auf dem Südfriedhof beigesetzt.

Die Amerikaner haben die Spuren des Verbrechens filmisch und fotografisch dokumentiert. 1958 ist das Denkmal, der Obelisk, geschaffen von Gustav Tesch-Löffler, der Öffentlichkeit übergeben worden. Von einer Ausnahme abgesehen, sind die Mörder niemals gefasst worden.

Ergänzung:
84 Tote wurden nach dem 18. April 1945 in Abtnaundorf gefunden. Gedenkstein in Abtnaundorf und Gedenktafel auf dem Leipziger Südfriedhof sprachen bisher von 80 unbekannten Opfern. Mittels aufgefundener Namenslisten, die mit den Dokumenten aus dem Nationalarchiv Washington von Überlebenden des Massakers sowie mit der Häftlingskartei von Buchenwald verglichen wurden, konnten **19 Opfer identifiziert** werden (siehe Übersicht):

Häftlings-Nr.	Name, Vorname	Geburtsdatum	Heimatland
6227	Guglin, Fedor	06.06.1918	Ukraine
17230	Hajny, Jaroslav	12.05.1896	Tschechien
61006	Drozd, Edward	15.07.1921	Polen
61049	Jaskin, Nikolaj	15.11.1906	Russland
61143	Niemirowicz, Aleksander	14.05.1923	Polen
63936	Geral, Dymitr	24.03.1925	Russland
68795	Kupersztain, Srul	15.08.1904	Polen
90283	Wypych, Zygmunt	28.08.1923	Polen
134866	Grischenko, Kiril	17.03.1916	Russland
134925	Dowgol, Iwan		Russland
135074	Judek, Stanislaw		Polen
135127	Wojtylak, Eugeniusz	19.06.1920	Polen
135136	Sereda, Wladimir	20.08.1924	Russland
135144	Neretjawkin, Alex	29.09.1914	Russland
135163	Nikitenko, Iwan	06.08.1921	Russland
135188	Schestakow, Wiktor	18.04.1919	Russland
135215	Bilski, Marian	21.08.1919	Polen
135230	Malischow, Iwan	25.08.1918	Russland
unbekannt	Ditikowski, Dimitri		Russland

Friedhof Schönefeld*

Gedenktafel (Grabtafel)
auf dem Friedhof Leipzig-Schönefeld, Gorkistraße 19 – 21, Innenseite der Friedhofsmauer; vermutlich 1958 eingeweiht – wie auch der Obelisk in Abtnaundorf;
die Gedenktafel wurde 2003 im Zuge der Umgestaltung des Friedhofs eingelagert und sollte ursprünglich wieder der Öffentlichkeit zugänglich gemacht werden;
mit der Umbettung der sterblichen Überreste von 11 polnischen Häftlingen und 1 kroatischen Häftling im November 2003 auf den Ostfriedhof hat die Grabtafel ihre eigentliche Funktion verloren und bleibt als Denkmal eingelagert

Inschrift:
Ruhm und Ehre / den / Gemordeten / Widerstands / Kämpfern / des KZ / Abtnaundorf

Die Namen der Bestatteten:

Savadja, Milan (24.11.1908 – 18.3.1945) – Kroate
Poslowski, Wladyslaw (27.4.1915 – 21.3.1945) – Pole
Pasturczak, Stefan (24.4.1919 – 22.3.1945) – Pole
Majewski, Teofil (28.3.1911 – 28.3.1945) – Pole
Wrzesinski, Wladyslaw (18.8.1917 – 28.3.1945) – Pole
Pawlak, Witold (29.7.1923 – 31.3.1945) – Pole
Matwejczuk, Wladyslaw (7.3.1910 – 31.3.1945) – Pole
Witkowski, Augustyn (17.9.1909 – 1.4.1945) – Pole
Starczewski, Tadeusz (27.6.1921 – 6.4.1945) – Pole
Zajaczkowski, Kazimierz (12.3.1919 – 8.4.1945) – Pole
Sadowiec, Stanislaw (18.12.1918 – 7.4.1945) – Pole
Drogosz, Jan (2.1.1894 – 11.4.1945) – Pole

---

* Die Gedenkstätte auf dem Friedhof Schönefeld wurde aufgelöst, da die Opfer auf den Ostfriedhof umgebettet wurden und hier ihre letzte Ruhestätte fanden: Grabfeld für ausländische Opfer der nationalsozialistischen Gewaltherrschaft in der X. Abteilung, 8. Gruppe, Reihe J, Gräber 20-22.
Die Gedenktafel (Grabtafel) befindet sich beim Grünflächenamt der Stadt Leipzig, Abteilung Friedhöfe.

In den Monaten März und April 1945, noch vor dem Verbrechen vom 18. April, kamen im KZ Abtnaundorf mehrere Häftlinge ums Leben, hauptsächlich Polen; einige wurden von den Wachmannschaften ermordet, andere starben an Entkräftung oder an den Folgen von Misshandlungen. Die Leichen wurden in Schönefeld über die Mauer des Friedhofs geworfen und dann verscharrt. Nach dem Krieg bestattete man die Opfer würdig in einem Gemeinschaftsgrab.

Ehemalige Gedenktafel für die KZ-Opfer an der Mauer des Friedhofs Schönefeld, Gorkistraße (Aufnahme entstand 2003)

Gedenkorte Permoserstraße

Gedenkstätte
für die ehemaligen Zwangsarbeiter und Zwangsarbeiterinnen in der Zeit des Nationalsozialismus;
in Leipzig-Sellerhausen, Betriebsgelände Permoserstraße 15,
Tel./Fax: 0341 / 235 2075 / -2076

Gedenkstein
in Leipzig-Sellerhausen, Grünanlage vor den Häusern Permoserstraße 6 – 14, östlich der Kreuzung Torgauer Straße, gegenüber der o. g. Gedenkstätte

Inschrift:
An dieser Stelle befand sich / 1944 – 1945 ein Aussenlager / der Konzentrationslager / Ravensbrück und Buchenwald / Tausende Frauen vieler Nationen / wurden hier durch den faschistischen / Rüstungskonzern HASAG unmenschlich / ausgebeutet. Wir ehren das Andenken / derer, die hier litten und starben

Leipzig gehörte zu den bedeutenden Standorten der Rüstungsindustrie in der Zeit des Nationalsozialismus. 1943 existierten in der Stadt 221 Rüstungsbetriebe mit über 154 119 Arbeitern und Angestellten, davon 43 905 ausländische Arbeitskräfte, in der Hauptsache so genannte Ostarbeiter. Ein Großteil dieser Betriebe konzentrierte sich im Nordosten Leipzigs, in den Stadtteilen Schönefeld und Thekla.
Einer der größten Betriebe war das Werk der Hugo Schneider AG (HASAG) an der Permoserstraße (früher Hugo-Schneider-Straße). Der Konzern, der während der Nazi-Zeit zu einem der führenden Rüstungsunternehmen Deutschlands aufstieg, produzierte vor allem Munition, Panzerfäuste und Flugzeugteile. Auf die kriegsbedingte Einziehung vieler Fachkräfte zur Wehrmacht und den steigenden Produktionsbedarf reagierte die Konzernleitung mit der Eingliederung ausländischer Arbeitskräfte und auch vieler KZ-Häftlinge. 1944 beschäftige die HASAG in allen Werken zusammen ca. 64 000 Menschen, davon allein gut 40 000 ausländische Kräfte. Von Juni 1944 an wurden in Leipzig Frauen aus dem KZ Ravensbrück (die später dem KZ Buchenwald unterstellt worden sind) eingesetzt, zeitweilig bis zu 4 600, ab November 1944 auch männliche Häftlinge. Unter ihnen befanden sich viele Jüdinnen und Juden sowie Sinti und Roma. Untergebracht waren die Häftlinge unter anderem in einem Barackenlager an der Permoserstraße.

Gedenkstätte für die Zwangsarbeiter auf ehemaligen Betriebsgelände des HASAG-Werkes in der Permoserstraße 15

Gedenkstein in Grünanlage Permoserstraße 6-14

Rücksichtslose Ausbeutung, ungenügende Versorgung und nicht selten Drangsalierungen führten zu zahlreichen Todesfällen. Ab dem 13. April 1945 wurden die meisten der noch lebenden Insassen Leipziger Lager auf den „Todesmarsch" in Richtung Erzgebirge und Teplice getrieben. Auch etwa 4 000 HASAG-Häftlinge und 1 500 Häftlinge der Erla-Werke mussten sich dem Marsch anschließen. Sie erwartete ein Martyrium. Der größte Teil der Häftlinge starb auf dem Weg, zum Teil an Entkräftung, zum Teil von den SS-Mannschaften ermordet. Hinter Freiberg lebten nur noch etwa 800 Häftlinge.

Zur Erinnerung an den Todesmarsch findet seit dem Jahr 2000 jährlich, jeweils im Mai, auf Initiative des Netzwerkes für Demokratische Kultur e.V. in Wurzen ein Gedenkmarsch im Muldental statt.

Gedenkstätten Ostfriedhof

Leipzig, Stadtteil Anger-Crottendorf, Oststraße 119

Auf dem im Jahre 1875 angelegten Ostfriedhof befinden sich mehrere Orte des Gedenkens an deutsche und ausländische Opfer aus der Zeit des Nationalsozialismus.

Elemente

a) Sowjetischer Ehrenhain

Hier fanden etwa 250 gefallene und verstorbene Soldaten der Roten Armee und 1270 sowjetische Kriegsgefangene und Zwangsarbeiter, die in Leipziger Konzentrations- und Arbeitslagern an den Folgen der unmenschlichen Lebensbedingungen starben oder bei Luftangriffen ums Leben kamen, ihre letzte Ruhestätte. Ihnen sind zwei Denkmale gewidmet, geschaffen in den Jahren 1946 und 1948 nach Entwürfen des Bildhauers Alfred Thiele.

Sowjetischer Ehrenhain auf dem Ostfriedhof

b) Gedenkanlage für polnische Kriegsopfer

Das Leipziger Generalkonsulat der Republik Polen erneuerte im Jahr 2005 in Bauabschnitten die Gedenkstätte. Die Namen der Opfer werden dann ausgewiesen.

Gedenkanlage für polnische Kriegsopfer bis 2004

Gedenkanlage für polnische Kriegsopfer ab 2005

c) Grabstätte der 32

Wegen der Bombardierung Dresdens im Februar 1945 hatte man eine größere Anzahl von Häftlingen, die von Sondergerichten zum Tode verurteilt worden waren, nach Leipzig verlegt. Am 13. April 1945, wenige Tage vor dem Eintreffen der amerikanischen Truppen, wurden die 32 Männer aus Deutschland, Frankreich, Österreich und – in der Mehrzahl – aus der Tschechoslowakei zum Kleinkaliberschießstand der Kaserne an der heutigen Olbrichtstraße gefahren, wo sie ein Exekutionskommando der Wehrmacht hinrichtete. Erst am nächsten Tag verscharrte man die Leichen an der Mauer des Ostfriedhofs. Sie wurden später würdig auf dem Friedhof neu bestattet; ein Grossteil der Opfer ruht hier noch immer. Eine Tafel auf dem Kasernengelände erinnerte an die Mordtat. Die Namen der Opfer lauten:

Jan Bureš – Josef Grünwald – Gerhard Zdenek – Jaroslav Stengl – Emanuel Jarosch – Josef Stefenek – Karl Bruckner – Arnost Schmidt – Jaroslav Kermer – Rudolf Kovasic – Karl Nemec – Josef Burget – Wenzel Hofmann – Stanislaw Pilgr – Josef Dostal – Rudolf Mann – Alfred Zeman – Josef Lhotka – Gustav Schmidt – Josef Beneš – Vaclav Cibula – Pierre Rudac – Vojtech Jezek – Herbert Müller – Rudolf Haras – Wilhelm Niggemann – Marius Renier – Franz Tordec – Kamil Hruška – Loboniw Hyrsel – Fratiark Schumann – Alois Mayr

Grabstätte der 32

d) Denkmal für desertierte und hingerichtete Wehrmachtssoldaten

1998 wurde auf Initiative des Bundes der Antifaschisten e.V., des Interessenverbandes des VdN Leipzig-Stadt, des Leipziger Friedenszentrums e.V. und der Initiative Christliche Linke, Regionalgruppe Leipzig, auf dem Ostfriedhof ein Denkmal für hingerichtete Wehrmachtsdeserteure errichtet. Schon 1946 waren auf den Gräbern von 26 Opfern der nationalsozialistischen Militärjustiz, die sich nicht länger am verbrecherischen Krieg beteiligen wollten, schlichte Holzkreuze aufgestellt worden. Im Laufe der Jahre waren die Kreuze stark verrottet und nur noch Kundige wussten von der Existenz der Gräber. Seit der Errichtung des Denkmals findet jedes Jahr zum 1. September auf dem Ostfriedhof eine Ehrung der hier bestatteten hingerichteten Soldaten statt. Es handelt sich um folgende Opfer:

Fritz Pfotenhauer, geb. 6.7.1918, ersch. 17.11.1939
Friedrich Münnich, geb. 14.7.1915, Freitod 4.3.1940
Herrmann Wegener, 18.8.1915, ersch. 12.12.1941
Ernst Müller, geb. 4.4.1913, ersch. 12.3.1940
Heinrich Böwes, geb. 7.12.1918, ersch. 28.8.1940
Johannes Lewandowski, geb. 28.12.1908, ersch. 6.1.1944

Gedenkstein für desertierte Wehrmachtsangehörige

Paul Eisner, geb. 21.9.1914, ersch. 10.2.1942
Ernst Radigk, geb. 27.12.1900, Freitod 13. o. 14.3.1942
Kurt Fleischmann, 5.10.1907, ersch. 1.5.1942
Karl Ohff, geb. 15.1.1915, ersch. 7.5.1942
Rolf Müller, geb. 25. o. 26.7.1922, ersch. 29.8.1942
Gerhard Sonne, geb. 24.9.1909, ersch. 2.9.1942
Karl Singer, geb. 17.4.1914, ersch. 11.11.1942
Josef Merz, geb. 18.9.1909, ersch. 20.1.1943
Anton Hinz, geb. 1897, ersch. 25.3.1945
Karl Franz, geb. 4.6.1920, ersch. 14.4.1945
Bernhard Breuer, geb. 27.11.1919, ersch. 13.6.1944
Josef Kittel, geb. 16.3.1905, ersch. 1.8.1944
Karl Israel, geb. 21.2.1905, ersch. 31.8.1944
Ulrich Schröder, geb. 6.3.1921, ersch. 23.10.1944
Georg Pfann, geb. 18.12.1916, ersch. 19.12.1944
Helmut Röder, geb. 30.10.1921, ersch. 3.2.1945
Ludwig Neumeier, geb. 22.8.1917, ersch. 7.3.1945
Richard Schnurre, geb. 13.8.1909, ersch. 17.3.1945
Georg Kießling, geb. 28.12.1890, ersch. 28.3.1945
Wilhelm Peters, geb. 25.1.1919, ersch. 10.4.1945

e) Gedenkhain

Ein Gedenkhain mit kleineren Stelen erinnert an weitere Opfer des Nationalsozialismus und des Krieges aus Deutschland, Italien, Österreich und der Tschechoslowakei.

f) Gedenkstein

Mit einem Gedenkstein wird weiterer Kriegsopfer aus Italien gedacht. Hier ruhen Angehörige der Badoglio-Armee.

Gedenkhain für Kriegsopfer

Gedenkstätten Südfriedhof

Leipzig-Probstheida, Friedhofsweg 3

Auf dem 1886 eröffneten und mit 81 Hektar Fläche größten Friedhof Leipzigs wurden hauptsächlich entlang der Hauptachse zwischen Kapellenbereich und Nordtor verschiedene Grabanlagen und Erinnerungsstätten geschaffen, die das Andenken an Gegner und Opfer von politischer Gewaltherrschaft, Verfolgung und Krieg im 20. Jahrhundert bewahren. So existierte eine Gedenkstätte für die Kämpfer gegen den Kapp-Putsch von 1920, Einzelgräber von Aktivisten der Arbeiterbewegung und des sozialistischen Aufbaus waren angelegt worden. Eine umfassende Ausgestaltung erfuhr der 1946 eingeweihte Ehrenhain für antifaschistische Widerstandskämpfer und für die Opfer der nationalsozialistischen Gewaltherrschaft. Zu Zeiten der DDR wurde diese Anlage gemäß den ideologischen Vorgaben zur sozialistischen Traditionspflege erweitert und umgestaltet. Nach 1989 fehlte es nicht an Versuchen, auch die dem antifaschistischen Widerstand gewidmeten Gedenkplätze zu schließen, galten sie doch weithin als „Relikte aus stalinistischer Zeit". Die Erinnerungsstätte für die Opfer des Kapp-Putsches ist inzwischen entfernt worden. Das Schicksal anderer Anlagen ist noch offen.

Elemente

a) Ehrenhain für Leipziger Gegner des NS-Regimes und Widerstandskämpfer

1948 wurde hier die vom Bildhauer Walter Arnold geschaffene Bronzeplastik „Sterbender Kämpfer" errichtet (Inschrift auf der Vorderseite: *Zum Tode geführt / und siehe / wir leben* und auf der Rückseite: *Die Opfer / des Faschismus / mahnen*). Vor der Plastik befinden sich die Urnengräber von *Georg Schumann, Otto Engert, Alfred Frank, Arthur Hoffmann, Karl Jungbluth, Kurt Kresse, Richard Lehmann, Georg Schwarz, William Zipperer, Margarete Blank* und anderen Widerstandskämpfern.

b) Gedenktafel für die etwa achtzig Opfer vom KZ Abtnaundorf

Eine Tafel erinnert an die vermutlich über achtzig Opfer des Verbrechens, das am 18. April 1945 im KZ Abtnaundorf begangen wurde. Die sterblichen Über-

Blick über den Ehrenhain auf dem Südfriedhof

Plastik „Sterbender Kämpfer" von Walter Arnold

reste der ermordeten Häftlinge wurden hier in einem Gemeinschaftsgrab beigesetzt. Die Tafel enthält folgende Inschrift:

Achtzig / unbekannte Opfer / des Faschismus / ermordet im April 1945 / im KZ Abtnaundorf

c) Gedenksäule für Opfer des Widerstands gegen das NS-Regime

Vor dem Nordtor ist den Opfern des Widerstands gegen das nationalsozialistische Regime eine Säule gewidmet. Neben einer figürlichen Darstellung befindet sich auf ihr ein Zitat aus dem letzten Brief eines zum Tode verurteilten Widerstandskämpfers:

Nicht an unseren Gräbern zu weinen seid ihr da, sondern von unseren Gräbern sollt ihr den Glauben und die Stärke für das Große und Gerechte unserer Sache mit heimtragen für eine bessere und sichere Zukunft.

Gedenksäule auf dem Südfriedhof, nahe Nordtor

d) Gedenkstein für die jüdischen Familien Abraham und Hinrichsen

1992 wurde auf dem Rasen am Rande der Anlage ein neuer Gedenkstein eingeweiht. Hier befanden sich bis in die 70er Jahre des letzten Jahrhunderts die Familiengräber der Leipziger jüdischen Familien Abraham und Hinrichsen. Der Verleger Max Abraham (1831 – 1900) hatte die Edition Peters begründet und die Musikbibliothek Peters gestiftet. Sein Neffe Dr. Henri Hinrichsen (geb. 1868) hatte nach dem Tod Abrahams die Edition Peters weitergeführt und 1929 die Ehrendoktorwürde der Leipziger Universität erhalten. Er starb am 17. September 1942 im KZ Auschwitz. Die Abrahamstraße in Leipzig-Lindenau sowie die Hinrichsenstraße nahe des Stadtzentrums erinnern ebenfalls an die beiden verdienten Bürger.

e) Stein für Marinus van der Lubbe

Anläßlich seines 90. Geburtstages wurde am 13. Januar 1999 der Gedenkstein für Marinus van der Lubbe, den die Nazis beschuldigt hatten, am 27. Februar 1933 allein den Reichstag in Brand gesteckt zu haben, enthüllt. Dieser Stein in

Gedenkstein für die Familien Abraham und Hinrichsen

der Stadt seiner Hinrichtung am 10. Januar 1934 gehört zu einem dreiteiligen Denkmal mit zwei weiteren vorgesehenen Standorten, nahe dem Berliner Reichstagsgebäude und in van der Lubbes niederländischer Geburtsstadt Leiden. Die Steine schmückt ein von Marinus van der Lubbe im Gefängnis verfasstes Gedicht.

f) Denkmal für die Bombenopfer

Mit einem weiteren Denkmal wird auch der etwa 3200 Leipziger Bürger gedacht, die während des Zweiten Weltkrieges bei anglo-amerikanischen Luftangriffen ums Leben kamen.

Gedenkanlage für die Leipziger Bombenopfer

„Internationales antifaschistisches Komitee" (IAK), bekannt auch als „Nikolai-Rumjanzew-Gruppe"

Gedenkstein
in der Ratzelstraße/Ecke Nikolai-Rumjanzew-Straße, früher das Gelände des Gartenvereins „Gartenfreunde"

Inschrift:
1942 – 1944 / Sowjetische und deutsche / Kommunisten / leiteten von hier aus / den Widerstandskampf / gegen den Faschismus / N. W. Rumjanzew / B. W. Lossinsky / T. N. Tonkonog / Sie opferten ihr Leben / für die Befreiung

Neben der Nikolai-Rumjanzew-Straße in Leipzig-Kleinzschocher gibt es noch den Losinskiweg (abweichende Schreibweise) in Leipzig-Schönefeld. Die Wohnlaube der Familie Hauke, in der sich Nikolai Rumjanzew versteckt hielt, wurde im Zuge der Neubebauung des Geländes des Gartenvereins Ende der fünfziger Jahre des letzten Jahrhunderts abgebrochen.

Gedenkstein Ratzelstraße / Ecke Nikolai-Rumjanzew-Straße

ВСЕ НА БОРЬБУ ПРОТИВ ФАШИЗМА!

Братья и сестры, товарищи бойцы Красной Армии! Сейчас находящиеся в лагерях фашистской Германии.

Прошло уже три года с тех пор, когда фашистские захватчики, несмотря на договор заключенный между СССР и Германией о дружбе и не нападении, без объявления войны, они вероломно напали на СССР, этим самым они хотели нашу родину превратить в груды развалин, а многочисленный Советский народ в их рабов, но они просчитались, что сыны Русского народа не победимы. Неожиданное нападение фашистских пиратов на нашу родину, в виду этого в начале войны, они имели некоторые успехи.

Отходя в глубь страны Красная Армия наносила смертельные удары, этим самым истощая резервы противника.

Исторической битвой под Сталинградом, Курском и Орлом и Ленинградом веяла в историю дня начала разгрома фашистских пиратов. Победоносная Красная Армия освободила более ¾ занятой фашистами территории, и отгоняемы более 400 км, достигла своих границ и не останавливаясь, на этим они перешли границы Польши, Румынии, Словакии, Венгрии, где продолжает громить врага.

В своем Первомайском приказе Верховный главнокомандующий маршал СТАЛИН сказал:

„Наша задача не только освободить территорию Советского союза от фашистских пиратов, но и разбить его на его территории, этим самым освободить народы Европы от фашистского рабства."

Посылая первомайский привет братьям и сестрам, а так-же бывшим бойцам Красной Армии находящимся на каторге в фашистской Германии, Сталин призывал к терпению и уверял о скором освобождении.

Под ударом Красной Армии распродается союз Германии с малыми державами которые стремятся уничтожить общего врага народов фашизм. На днях Румынский офицер добровольно перешедший на сторону Красной Армии он рассказал.

„В Румынии не видно союзников и всё идём на фронт под угрозой немецкого оружия, уже много наблюдалось случаев столкновения немцев с румынами, а так-же о жестоком терроре немцев в Румынии и других странах."

ТОВАРИЩИ! Все как один ответим на призыв т. Сталина, поможем нашим отцам и братьям которые сражаются на фронте, сплотимся в тесное ядро, ударим с тылу по врагу и этим самым ускорим свое освобождение. Уже миллионы людей поднялись против кровавого фашизма. Крупное партизанское движение во Франции, Чехии, Польши, Литве, силами югославских партизан создано национальное правительство которое в контакте с Советским Союзом ведёт не примиримую борьбу против общего врага фашизма.

ТОВАРИЩИ!
Сплачивайтесь друг с другом, создавайте массовые кружки в своих лагерях чтобы по первому сигналу восстать и громить кровавые банды фашизма, ведь мы не один с нами пойдёт весь порабощенный народ Европы.

орган партиздательство.

Flugblatt des „Internationalen Antifaschistischen Komitees"

Nikolai W. Rumjanzew
geb. 30. 12. 1912 in Gatschina, Petersburger Gebiet
erm. im Sommer 1944 im KZ Auschwitz
Dreher, 1941 beim Kampf um Charkow verwundet und in deutsche Kriegsgefangenschaft geraten. Er floh und wurde später gemeinsam mit seiner Frau Julia von der deutschen Besatzungsmacht festgenommen und als Ostarbeiter nach Deutschland verschleppt. Der Sohn Kostja wurde der Familie von den Nazis entrissen. In der Folgezeit gehörte Rumjanzew zu den Leitern einer der größten deutsch-sowjetischen Widerstandsorganisationen in Nazi-Deutschland (siehe Text).

Boris W. Losinski
geb. 26. 02. 1922 in Pawlograd
erm. im Sommer 1944 im KZ Auschwitz
Sowjetischer Zwangsarbeiter, Angehöriger des „Internationalen antifaschistischen Komitees"

Taissija (Taja) N. Tonkonog
erm. im Sommer 1944 im KZ Auschwitz
Sogenannte Ostarbeiterin, Angehörige des „Internationalen antifaschistischen Komitees"

Maximilian Hauke
geb. 02.01.1889 in Kalkau
gest. 17.07.1972 in Leipzig
Schauspieler, 1917 USPD, 1923 KPD, aktiv für die Bayrische Räterepublik eingetreten, 1934 verhaftet, später im Widerstand gegen die NS-Diktatur, Todesurteil und Flucht nach dem Luftangriff auf Dresden vom 13. Februar 1945, nach dem Krieg Mitarbeiter beim Mitteldeutschen Rundfunk; Sohn Karl-Iljitsch Hauke, geb. 08.06.1928, wurde 1944 von den Nazis in Untersuchungshaft genommen.

1942 bis 1944 wirkte in Leipzig die vielleicht größte deutsch-sowjetische Widerstandsgruppe, die maßgeblich von dem Russen Nikolai W. Rumjanzew geleitet wurde. Rumjanzew hatte als Kriegsgefangener und Zwangsarbeiter im Ostarbeiterlager der Mitteldeutschen Motorenwerke (MIMO) in Taucha gemeinsam mit seinem Landsmann Boris W. Losinski eine Widerstandsgruppe aufgebaut, die Kontakte zu weiteren Leipziger Lagern unterhielt und später auch die Verbindung zu deutschen Antifaschisten suchte. Zu ihnen stieß bald die junge Lehrerin Taissija (Taja) Tonkonog, die als Arbeiterin und Dolmetscherin in der Firma K. Krause arbeitete. Maximilian Hauke, seine Frau Else und Sohn Karl-Iljitsch sowie Karl Ritter und Dr. med. Fritz Gietzelt zählten zu den aktivsten Beteiligten auf der deutschen Seite.

Die Gruppe nannte sich „Internationales antifaschistisches Komitee", hörte den Moskauer Rundfunk ab, verbreitete Flugblätter und beabsichtigte, Partisanengruppen zu bilden und einen Aufstand der Zwangsarbeiter vorzubereiten. Rumjanzew und Losinski schafften es, vom Tauchaer MIMO-Lager in ein zentraler gelegenes Lager der Hugo Schneider AG (HASAG) verlegt zu werden. Von hier aus gelang Nikolai Rumjanzew die Flucht. Er ging in die Illegalität und lebte in der Gartenlaube der Familie Hauke in Kleinzschocher, etwa dort, wo sich seit 1960 der Gedenkstein befindet. In der Laube fand auch ein Treffen mit weiteren deutschen Antifaschisten der Gruppen um Arthur Hoffmann und Georg Schumann statt, die angesichts der geringen Erfolgsaussichten von einem bewaffneten Aufstand abrieten.

Doch bevor an die Verwirklichung von Aufstandsplänen gegangen werden konnte, wurden Rumjanzew und weitere Mitglieder der Organisation im Mai und Juni 1944 von den Nazis festgenommen. Insgesamt kamen 81 deutsche und sowjetische Antifaschisten in Haft. Die Kriegsgefangenen und Ostarbeiter brachte man überwiegend in das KZ Auschwitz, wo einige von ihnen schon Stunden nach der Ankunft erschossen wurden. Auch Nikolai Rumjanzew, Boris Losinski und Taja Tonkonog verloren auf diese Weise im Juli 1944 ihr Leben. Nikolais Frau Julia konnte entkommen und gelangte auf tschechoslowakisches Gebiet, wo sie überlebte. Die deutschen Antifaschisten Max Hauke, Dr. Fritz Gietzelt, Karl Ritter und Alfred Schellenberg wurden vom Volksgerichtshof in Dresden zum Tode verurteilt. Der Bombenangriff auf die Stadt im Februar 1945 ermöglichte ihnen jedoch die Flucht oder brachte ihnen die Verlegung nach Leipzig, wo auch sie überlebten.

Gedenkstätte für im April 1945 ermordete Antifaschisten

Gedenktafel
Landsberger Straße, General-Olbricht-Kaserne der Bundeswehr

Inschrift:

„DEN TOTEN ZUM GEDENKEN – / DEN LEBENDEN ZUR MAHNUNG /
Jan Bures . Josef Grünwald . Gerhard Zdenek . Jaroslav / Stangl . Emanuel Jarosch .
Josef Stefenick . Karl Bruckner / Arnost Schmidt . Jaroslav Kermar . Rudolf Kovaric .
Karl / Nemec . Josef Burget . Wenzel Hofmann . Stanislav Pilgr / Josef Dostal .
Rudolf Mann . Alfred Zeman . Josef Lhotka / Gustav Schmidt . Josef Benes . Vaclav
Cibula . Pierre Rudac / Vojtech Jezek . Herbert Müller . Rudolf Haras . Wilhelm /
Niggemann . Marus Renier . Franz Tordec . Kamil Hruska / Luboniw Hyrsel .
Fratiark Schumann . Alois Mayr / Wurden am 13. April 1945 an dieser Stelle
ermordet"

Während des Luftangriffs auf Dresden am 13. 2. 1945 wurden einige Gefängnisse zerstört und die zumeist politischen Häftlinge nach Leipzig verbracht. Am 12. April 1945, eine Woche vor dem Einmarsch der US-Armee in Leipzig, wurden 32 in Dresden und anderen Städten zum Tode Verurteilten ausgesondert. Der Leipziger Kampfkommandant, Oberst Poncet, stellte am 13. April 1945 ein Exekutionskommando der Wehrmacht zur Verfügung, das die tschechischen, deutschen, österreichischen und französischen Häftlinge erschoss. Am darauf folgenden Tag vergrub man die Leichen auf dem Ostfriedhof. Nach 1945 wurden sie exhumiert, zum Teil identifiziert und in Einzelgräbern beigesetzt. Ab Mitte der 60er Jahre forschte eine in Leipzig stationierte Einheit der Nationalen Volksarmee zu Personen und Hergang der Exekutierung, insbesondere der tschechischen Opfer. Es handelte sich ausnahmslos um aktive Antifaschisten. Die Todesurteile basierten auf politischen Handlungen gegen das NS-Besatzungsregime.
Am 8.5.1970 erfolgte die Einweihung einer Gedenktafel unter Teilnahme Hinterbliebener der tschechischen Mordopfer und sowjetischer Soldaten der Garnison Leipzig.
In den 90er Jahren wurden das Gebäude und damit die Giebelwand abgebrochen. Dabei barg man die Gedenktafel. 1996/97 ließ die Bundeswehr diese restaurieren und in ein provisorisches Denkmal verwandeln.

Bis 1989 war die Gedenkstätte ein Ort deutsch-tschechischer Begegnungen, an dem Appelle durchgeführt und Kränze niedergelegt wurden. Seit 2000 finden hier an der 1999 neu gestalteten Gedenkstätte nunmehr Gedenkappelle der Bundeswehr statt.

FIR-Mahnmal Leipzig - Böhlitz-Ehrenberg

Mahnmal
für die Opfer des Faschismus in Leipzig - Böhlitz-Ehrenberg, Leipziger Straße, Grünanlage im Bielagarten

Inschriften:

EUCH ZUM RUHM
UNS ZUR MAHNUNG

(Abzeichen FIR)

V. d. N.

In der Mitte befindet sich das Emblem (Abzeichen) der FIR (*Fédération Internationale des Résistants*), der Internationalen Föderation der Widerstandskämpfer.

Das heutige Mahnmal ist auf Initiative Böhlitz-Ehrenberger Bürger sowie mit Unterstützung des Kulturamtes der Stadt Leipzig, des Referates Denkmalschutz des Regierungspräsidiums Leipzig und verschiedener Organisationen am 8. Mai 2005, dem 60. Jahrestag der Befreiung vom Faschismus, neu eingeweiht worden. Es erinnert an die in der damaligen selbständigen Gemeinde Böhlitz-Ehrenberg wirkenden Antifaschisten

FIR-Mahnmal Leipzig - Böhlitz-Ehrenberg (2005)

wie Arthur Feistkorn, Rudolf Hartig, Walter Jurisch, Wilhelm Winkler, das Ehepaar Eichhorn sowie an den jüdischen Bürger Willy Rosenberg, der im KZ Auschwitz umkam. Zugleich ist es eine Mahnung an das Schicksal von über 1 000 Zwangsarbeitern und KZ-Häftlingen eines Außenlagers von Buchenwald in Böhlitz-Ehrenberg und Umgebung, die in der Rüstungsindustrie Nazideutschlands schufteten.

Bereits Ende der 50er/Anfang der 60er Jahre entstand im damaligen Bielagarten ein FIR-Mahnmal, an dem bis 1995 Ehrungen für die Opfer des Faschismus stattfanden. Im Zuge von Baumaßnahmen im Umfeld des Bielagartens wurde 1995 die Tafel entfernt und ausgelagert. Eine Wiederaufstellung war ungewiss.

Denkmal der 53 in Lindenthal

Mahnmal
an der Straße der 53 in Leipzig-Lindenthal, nahe des ehemaligen Exerzierplatzes

Das Mahnmal umfasst drei Stelen, die Nachbildung eines Bombentrichters sowie am Platz der Erschießungen eine Gedenktafel. 42 der Opfer sind hier bestattet.

Inschriften:

Mittlere Stele: *Menschen / Wir hatten euch lieb / Seid wachsam*

Gedenktafel: *53 Antifaschisten / aus 5 Nationen / Kämpfer für Frieden und Recht / wurden an dieser Stelle / von den Faschisten / am 12. April 1945 / ermordet*

Überdies sind auf den beiden äußeren der drei Stelen des Denkmals die Namen der Ermordeten eingemeißelt.

Denkmal der 53 in Lindenthal

Auf der linken Stele:

Engelhardt Josef, Nörthen – Küstner Paul, Giebichenstein – Dr. Rentzsch Rudolf, Leipzig – Dr. Fritzsche Johannes, Goschütz – Kästner Alfred, Leipzig – Tomanek Paul, Leipzig – Dr. Bothe Margarete, Merseburg – Heller Rudolf, Leipzig – Hummel Fritz, Mupperg – Lehmann Rudolf, Breslau – Vanourek Karl, Pilsen – Trofimtschuk Mitrow, Komarawo – Potawiuk Nina, Radryzn – Novazek Josef, Unteraujest – Swierskosz Franz, Sucha – Piskorz Josef, Tosepnika – Gombert Frank, Chicago – Cholewa Marian, Lemberg – Gurbiel Franz, Zagerseice – Bleudow Leonid, Pawlograd – Uschakow Andrey, Krasnodar – Giesilski Zygmund, Klorlawek – Oresny Josef, Lipine – Janoschek Josef, Č.S.R. – Woronewitsch Wladimir, Schitomir – Michalek Iwan, Wosorka

Auf der rechten Stele:

Korcian Jan, Swatemic – Andrae Paul, Beziers – Podolak Stanislaw, Przaworsk – Borodij Nikolai, Studnika – Ferdoriwitsch Iwan, Orel – Koslow Michael, Charkow – Maritschow Alexander, Dujenko – Dzierzyik Josef, Tschenstochau – Nedolikow Fedor, Wlikotor – Haluza Nikolaj, Klubeka – Pogorelow Peter, Sobrauka – Jeanneton Raymund, Bordeaux – Budnewitsch Dimitrow, Witebsk – Suprun Iwan, Spotika – Walentow Michael, Martinoka – Borjakin Tischon, Orel – Sameraj Viktor, Kertsch – Podukinik Josef, Schmelowus – Rybidkyi Wolodomyr, Buczacz – Zafranas Michael – Pospisil Antonie – Muka Iwan – Klocek Josef – Oleprenko Nikolaj – Oplapow Alexander – Heimat unbekannt

In den letzten Kriegstagen 1945 fanden in und um Leipzig mehrere Massenexekutionen statt, eine davon an der heutigen Straße der 53 in Leipzig-Lindenthal. Dort kamen am 12. April 1945 52 politische Häftlinge aus den Leipziger Gefängnissen Riebeckstraße und Wächterstraße ums Leben. Es handelte sich um Häftlinge aus mindestens sechs Ländern, die unterschiedlichen politischen Richtungen und religiösen Konfessionen angehörten, unter ihnen auch Frauen und ein erst vierzehn Jahre alter russischer Junge. An der Aktion waren etwa zwanzig Gestapoangehörige beteiligt. Die Opfer wurden durch Genickschuss getötet und nach dem Mord in einem Bombentrichter verscharrt. Erst nach Kriegsende setzte man die Ermordeten auf dem Friedhof in Lindenthal bei. Die 1954 am Tatort nahe des alten Exerzierplatzes errichtete Gedenkstätte wurde 1960 zu einem Mahnmal umgestaltet. Ein Großteil der Opfer vom April 1945 ist hierher umgebettet worden.

Ehrenmal Taucha

Ehrenmal
für die Opfer des Faschismus in Taucha, Leipziger Straße / Ecke An der Parthe, Grünanlage am Schöppenteich

Inschriften:

Mitte: *Die / Toten / mahnen / uns*

Links: *Dem Gedenken an / 20 sowjetische und polnische Kinder / die in faschistischer Gefangenschaft / geboren und in Taucha gestorben sind / ohne je ihre Heimat gesehen zu haben*

Rechts: *Dem Gedenken an / 68 Opfer des Faschismus aus 9 Nationen / die in den Konzentrations- Kriegsge- / fangenen- und Zwangsarbeitslagern / in Taucha den Tod fanden.*

Das Ehrenmal ist vor allem Kriegsgefangenen und Zwangsarbeitern gewidmet, die während des Zweiten Weltkrieges in den mindestens dreizehn Konzentrationslagern in und um Taucha gefangen gehalten wurden und ums Leben kamen.

Gedenkanlage am Schöppenteich

Gedenkstein Liebertwolkwitz

Gedenkstein
in Leipzig-Liebertwolkwitz, Josef-Sliwanski-Hain, Leipziger Straße

Inschrift:
Die Opfer mahnen

Der Gedenkstein ist allgemein den Opfern des Nationalsozialismus gewidmet.

Ein weiterer Gedenkstein (Findling) zu Ehren Liebertwolkwitzer Antifaschisten befindet sich am früheren Paul-Gebhardt-Platz, heute Blumenbogen/ Ecke Oberholzstraße. Auf einer vor ihm befindlichen Tafel sind die Namen der Widerstandskämpfer zu lesen, die während des Faschismus ermordet wurden: *Herrmann Hauschild – Josef Sliwanski – Richard Illgner – Paul Gebhard.*

Mahnmal im Josef-Sliwanski-Hain

Gedenkstein für vier Antifaschisten

Denkmal auf dem Bienitz

Gedenkstein
auf dem Gelände des ehemaligen Militärschießplatzes auf dem Bienitz in Leipzig-Burghausen

Inschrift:
Zur Erinnerung an / die Opfer der / nationalsozialistischen / Militärjustiz, / die in den Jahren von / 1940 bis 1944 / auf dem ehemaligen / Militärschießplatz Bienitz / wegen Fahnenflucht, / Wehrkraftzersetzung / oder / Selbstverstümmelung / hingerichtet / worden sind.
Die Hervorhebung bestimmter Buchstaben im Text lässt das Wort *Frieden* hervortreten.

Neben dem Gedenkstein für Wehrmachtsdeserteure auf dem Leipziger Ostfriedhof erinnert seit dem 19. Dezember 2001 auch ein Gedenkstein am Westrand der Stadt, auf dem Hügelgelände des Bienitz, an die Opfer der nationalsozialistischen Militärjustiz. In Leipzig gab es von 1940 bis 1945 vier Militär-

Gedenkstein auf dem Bienitz bei Leipzig

gerichte. Ihrer Gerichtsbarkeit fielen mehrere Dutzend Wehrmachtsangehörige, Soldaten, Unteroffiziere und Offiziere zum Opfer. Die genaue Anzahl ist noch unbekannt. Fahnenflucht, Selbstverstümmelung und „Wehrkraftzersetzung" konnten als todeswürdige Vergehen gelten. Die Hinrichtungen fanden überwiegend im Hallenser Zuchthaus „Roter Ochse" statt, wo die Betroffenen geköpft oder erhängt wurden. Einen Teil der Todesurteile vollstreckte man auch auf dem Schießplatz Bienitz; 1945 schließlich, als Treibstoffmangel den Transport der Hinzurichtenden erschwerte, hauptsächlich in der heutigen Olbricht-Kaserne. Das Schießstand-Gelände wurde 2001 an den Burghausener Heimatverein und an einen Indianistik-Club übergeben.

Markkleeberg, Wolfswinkel

Gedenktafel
in Markkleeberg bei Leipzig, Am Wolfswinkel

Inschrift:
Vom 31. August 1944 bis zum 13. April 1945 / befand sich hier im Wolfswinkel ein Außenlager des / Konzentrationslagers / Buchenwald / in dem mehr als 1000 ungarische Jüdinnen und / 250 französische Widerstandskämpferinnen / inhaftiert / waren. Diese Häftlingsfrauen wurden verpflichtet / Zwangsarbeit zu leisten und begannen hier unter / unmenschlichen Bedingungen ihren / Todesmarsch / Wir ehren das Andenken dieser Frauen / die Opfer des Nationalsozialismus sind

Am Standort „Wolfswinkel" (der Name könnte sich dem Umstand verdanken, dass hier bis ins ausgehende Mittelalter Wölfe gesichtet wurden) existierte von September 1944 bis etwa Ende März/Anfang April 1945 ein Frauenaußenlager des KZ Buchenwald. Im März 1945 lebten dort 1542 Häftlingsfrauen, überwiegend Jüdinnen, die aus Ungarn verschleppt worden waren. Noch unge-

Gedenktafel in Markkleeberg, Am Wolfswinkel

klärt ist bislang, ob am Wolfswinkel außerdem noch ein Männerlager eingerichtet wurde. Die Häftlinge mussten in einer ehemaligen Kammgarnspinnerei für die Junkers Flugzeugbau AG Flugzeugteile fertigen. Dem Grundriss und der Anlage der Gebäude nach ist das Frauenlager weitgehend erhalten geblieben.

Am Rathausplatz in Markkleeberg ist überdies ein Gedenkstein allen Opfern des Faschismus gewidmet.

Gedenkstein am Markkleeberger Rathausplatz

Gedenkstein Zwenkau

Gedenkstein
in Zwenkau, Pestalozzistraße

Inschriften:
1995 eingemeißelte Inschrift in der Mitte: *Im Gedenken / der Opfer / des / II. Weltkrieges / und der / Gewalt- / herrschaft*
Links: *Fritz / Deus / geboren / 25. Mai 1902 / ermordet / 28. März 1941 / Arthur / Mahler / geboren / 13. Sep. 1898 / ermordet / April 1945*
Rechts: *Viele Brüder / sind gefallen / wahllos / hingestreckt / Unsere Liebe / ist bei allen / die der Rasen / deckt.*

Der Stein ist den Opfer von Krieg und Gewaltherrschaft gewidmet. Fritz Deus, Ziegeleiarbeiter und Funktionär der KPD in Zwenkau, war 1933 verhaftet und zu vier Jahren Zuchthaus verurteilt worden. Nach dieser Haftzeit wurde er in Konzentrationslager verschleppt, zuletzt nach Sachsenhausen. Bei einem Arbeitseinsatz in Berlin verlor er sein Leben. Arthur Mahler, Arbeiter, war vor 1933 kommunistischer Stadtverordneter in Zwenkau. Im August 1944 verschleppten ihn die Nazis ins KZ Sachsenhausen. Wahrscheinlich wurde er auf einem Evakuierungsmarsch im Frühjahr 1945 umgebracht.

Auf dem gegenüberliegenden Friedhof befindet sich ein kleiner Gedenkhain für sowjetische und italienische Kriegsopfer.

Gedenkstein Pestalozzistraße

Auf Friedhöfen

Neben den bereits aufgeführten Grabstätten und Gedenkanlagen auf Leipziger Friedhöfen befinden sich auf weiteren Friedhöfen in und um Leipzig Orte des Gedenkens für Opfer des Nationalsozialismus, antifaschistische Widerstandskämpfer, Zwangsarbeiter sowie Angehörige sowjetischer und anderer Streitkräfte. Hier eine Auswahl:

Leipzig, Böhlitz-Ehrenberg
Friedhof, Burghausener Straße 21
Grabstätte von acht Opfern des Faschismus, sieben sowjetische und ein polnischer Zwangsarbeiter: *Wladimir Hapunik, Theodor Kliczyk, Milica Milasniovic, Andrej Schewtschuk, Kasmar Koslow, Wasyl Konoplo, Juldien Fjorda, Theodor Ozyrkow*. Zwei von ihnen waren erschossen worden.
Außerdem befindet sich auf dem Friedhof das Grab von Arthur Heidrich.

Leipzig-Engelsdorf
Friedhof

Gedenkstein
Leipzig-Engelsdorf, Kirchweg, hinterer Teil des Friedhofs
Inschrift:
Zum / Gedenken / an die / Opfer / des / Faschismus

Auch im Eisenbahn-Ausbesserungswerk in Leipzig-Engelsdorf mussten während des Zweiten Weltkrieges sowjetische Kriegsgefangene und Zwangsarbeiter Dienst leisten. Der Not, den Entbehrungen und Drangsalierungen fielen zwanzig, Luftangriffen auf das Werk etwa dreißig Sowjetbürger, die keine Schutzräume aufsuchen durften, zum Opfer. Sie wurden auf dem Engelsdorfer Friedhof beigesetzt.

Der Gedenkstein erinnert auch an die Engelsdorfer Antifaschisten *Kurt Krah* (1896 – 1937), Bau- und Transportarbeiter, Mitglied der KPD, im KZ Esterwegen umgekommen, und *Arthur Thiele* (1906 – 1946), Steindrucker, KPD-Mitglied, in den Zuchthäusern Zwickau und Plötzensee inhaftiert, später in die Wehrmachtsstrafeinheit 999 gepresst und als Kriegsgefangener in Jugoslawien gestorben.

Gedenkstein auf dem Friedhof in Engelsdorf

Leipzig-Holzhausen
Zuckelhäuser Friedhof, Liebertwolkwitzer Straße
Gemeinschaftsgrab dreier sowjetischer Kriegsgefangener:
Anatol Juchow, geb. 25.03.1918 in Tambow, gest. 16.03.1942 in Holzhausen,
Iwan Scherbina, geb. 09.06.1902 in Borkowa, gest. 18.03.1942 in Holzhausen,
Iwan Nowikow, geb. 30.03.1919 in Stalini, gest. 26.04.1943 in Holzhausen.

Leipzig-Mölkau
Friedhof, Engelsdorfer Straße
Grabstätte. Gedacht wird 23 belgischen, französischen, niederländischen, polnischen und sowjetischen Zwangsarbeitern, die hier beigesetzt wurden.

Leipzig-Seehausen
Friedhof, Seehausener Allee
Hier befindet sich die Grabstätte von vier Zwangsarbeitern: *Emilie Zasoda*, geb. 05.04.1921, gest. 11.04.1945, *Warwara Serbien*, geb. 04.12.1900, gest. 16.04.1945, *Janina Gnieweg*, geb. 22.05.1926, gest. 10.05.1945, *Jan Kravzick*, 34 Jahre, gest. Mai 1945.

Grabstein auf dem Zuckelhäuser
Friedhof – Leipzig-Holzhausen

Grabanlage auf dem Mölkauer Friedhof, Engelsdorfer Straße

Gemeinschaftsgrab auf dem Seehausener Friedhof

Grabstätte auf dem Friedhof Wideritzsch

Leipzig-Wiederitzsch
Friedhof, Delitzscher Landstraße
Gemeinschaftsgrab mit Gedenkstein, Inschrift: *Den unsterblichen / Opfern / Einheit – Frieden – Solidarität / Gew. v. d. Ortsausschuß Wiederitzsch*. In dem Grab sind sieben nach Deutschland verschleppte Sowjetbürger bestattet, die 1944/45 ums Leben kamen. Nur ein Teil von ihnen ist dem Namen nach bekannt.

Dölzig
Friedhof
Grabstätte von drei Antifaschisten: *Kurt Schröter*, geb. 13.01.1901, gest. 15.11.1939 in Dölzig, *Kurt Märtzschke*, geb. 06.11.1910, erm. 06.03.1940 in Mauthausen, *Paul Wäge*, geb. 05.02.1907, erm. 15.11.1942 in Stutthof.
Überdies befindet sich auf dem Friedhof das Grab eines unbekannten Sowjetbürgers aus der Zeit des Zweiten Weltkrieges.
Vorm Dölziger Gemeindeamt, Paul-Wäge-Straße 15, erinnert eine kleine Gedenkanlage (Inschrift: *Die Toten / mahnen / uns*) an die Opfer des Faschismus.

OdF-Denkmal vorm Dölziger Gemeindeamt

Grabstätte eines unbekannten Sowjetbürgers

Kulkwitz
Friedhof
Grabstätte mit Grabstein, Inschrift: *Freundschaft / für immer / Sie starben / für die Freiheit / der Völker*. Es handelt sich um das Gemeinschaftsgrab zweier unbekannter Toter, vermutlich Sowjetbürger.

Markkleeberg-Großstädteln
Friedhof, Hauptstraße
Ehrenhain mit zwei Gedenksteinen

Markranstädt
Friedhof, Lützner Straße
Ehrenmal für die Opfer des Faschismus, umgeben von Grabstätten.

Grabmal auf dem Kulkwitzer Friedhof

Ehrenmal auf dem Markranstädter Friedhof

Mahnmal für die Opfer des Faschismus auf dem Friedhof in Schkeuditz

Ehrenhain für sowjetische Kriegsopfer auf dem Schkeuditzer Friedhof

Podelwitz
Friedhof, die Grabstätte von 16 Zwangsarbeitern und Kriegsgefangenen verschiedener Nationen ist nicht mehr auffindbar.
Im Ortszentrum, überwuchert von Vegetation, befindet sich ein kleiner OdF-Gedenkstein.

Schkeuditz
Friedhof, Papitzer Straße
Sowjetischer Ehrenhain mit Einzelgräbern. Hier ruhen 39 sowjetische Kriegsgefangene, die während der Zwangsarbeit in Nazi-Deutschland zu Tode kamen.
Überdies erinnert ein Mahnmal an alle Opfer des Faschismus.

Zwenkau
Friedhof, Pestalozzistraße
Ehrenhain mit Gedenksteinen für sowjetische und italienische Kriegsopfer

3. KAPITEL
Stätten des Gedenkens für die jüdischen Opfer des Nationalsozialismus

Gedenkstätte Gottschedstraße

Gedenkstättenkomplex
Gottschedstraße/Ecke Zentralstraße

Inschrift:
Der aus einem Gedenkstein, 9 Wandtafeln und einer Bronzestuhlgruppe bestehenden Anlage sind verschiedene Inschriften, auch in englischer und hebräischer Sprache, beigegeben worden.

Inschriften Gedenkstein:
Gedenkt / Hier wurde am / 9. November 1938 / die grosse Synagoge / der Israelitischen / Religionsgemeinde / zu Leipzig durch / Brandstiftung / faschistischer / Horden zerstört / Vergesst es nicht
Sowie:
In der / Stadt Leipzig / fielen 14000 / Bürger / jüdischen / Glaubens dem / faschistischen / Terror / zum Opfer

Auf neun Wandtafeln, je drei in Englisch, Deutsch und Hebräisch, werden Stationen der Geschichte der jüdischen Gemeinde Leipzigs aufgeführt.

Inschriften der Wandtafeln (in Deutsch):

1. Tafel:

GEDENKSTÄTTE AM ORT / DER GROSSEN GEMEINDESYNAGOGE / FÜR DIE WÄHREND DER ZEIT / DES NATIONALSOZIALISMUS / AUSGEGRENZTEN, VERFOLGTEN UND ERMORDETEN JÜDISCHEN BÜRGERINNEN UND BÜRGER DER STADT LEIPZIG

2. Tafel:

7. September 1854 / Grundsteinlegung Leipziger / Gemeindesynagoge / Architekt: Otto Simonson / Schüler Gottfried Sempers /

10. September 1855 / Weihe der Synagoge

9./10. November 1938 / Schändung und Brandstiftung / während der Reichspogromnacht

11. November 1938 / Abriss der Synagoge auf / Kosten der Israelitischen Religionsgemeinde

3. Tafel:

1933 bekannten sich in Leipzig / über 11000 Menschen zum jüdischen Glauben. / Infolge der nationalsozialistischen / Rassengesetze wurden sie / und viele andere Menschen ausgegrenzt, / vertrieben oder ermordet. / Im April 1945 gab es in Leipzig / kein jüdisches Gemeindeleben mehr.

„Warum die schwarze Antwort des Hasses / auf dein Dasein, Israel?" Nelly Sachs

Stadt Leipzig 2001
Architekten: Anna Dilengite, Sebastian Helm

Gedenkanlage Gottschedstraße

Alte Ansicht des „Tempels"

Die Gedenkanlage befindet sich an jener Stelle, an der bis 1938 die Hauptsynagoge (der „Tempel") der Israelitischen Religionsgemeinde zu Leipzig stand. Insgesamt hatte es zur Zeit des Machtantritts der Nationalsozialisten siebzehn Synagogen und Bethäuser in der Messestadt gegeben. Der Grundstein für die Synagoge in der Gottschedstraße war 1854 gelegt worden. 1855 wurde der nach Entwürfen von Otto Simonson, einem Schüler Gottfried Sempers, ausgeführte Sakralbau geweiht. Das Gebäude galt als einer der ersten im „maurischen Stil" geschaffenen Kultbauten in Deutschland und war dem alten Tempel der Juden in Jerusalem nachempfunden. Für bis zu 1600 Besucher bot die Synagoge Sitzplätze. In der Pogromnacht vom 9. zum 10. November 1938 wurde auch sie in Brand gesteckt. Später ließen die Nazis den Bau auf Kosten der jüdischen Gemeinde vollständig abreißen.
Am 10. November 1966 wurde der von Hans-Joachim Förster gestaltete Gedenkstein der Öffentlichkeit übergeben. In den Jahren 1999-2001 wurde das Areal um den bzw. neben dem Stein zu einer Gedenkanlage nach Plänen der Leipziger Architekten Sebastian Helm und Anna Dilengite umgestaltet, die eindrucksvoll an das Schicksal der verfolgten, vertriebenen und ermordeten jüdischen Bürger Leipzigs erinnert. Wieder zu erkennen ist der Grundriss der

Synagoge. Eine Versammlung unbesetzter bronzener Stühle verweist auf die Lücke, die der Holocaust in das Leben Leipzigs gerissen hat.
Die Einweihung der neu gestalteten Gedenkstätte erfolgte innerhalb der „Jüdischen Woche" am 24. Juni 2001.

Gedenkstein für die verfolgten und ermordeten jüdischen Bürger Leipzigs

Gedenktafel zur Erinnerung an die „Ez-Chaim-Synagoge"

Gedenktafel
Otto-Schill-Straße / Apels Garten

Inschrift:
Linke Seite: *Erinnerung / Hier stand / die Ez Chaim / Synagoge / von / 1922 - 1938 /* rechte Seite: *Hoffnung / Die Würde / Deines Nächsten / sei Dir so / kostbar / wie Deine eigene.*

Die Tafel erinnert an die 1922 geweihte Synagoge, die von den Nazis in der Pogromnacht 1938 abgebrannt wurde.

Gedenktafel

Gedenkstein Parthenstraße

Gedenkstein
Parthenstraße, nahe Ecke Pfaffendorfer Straße

Inschrift:
Links: *Hier in diesem Graben / wurden im Jahre 1938 / jüdische Bürger / vor ihrer Deportation / zusammengetrieben.* Rechts: *Wo ist dein Bruder? / Genesis 4,9*

In Sachsen hatte es um 1925 mehr als 23 000 Bürger jüdischen Glaubens gegeben, davon etwa 13500 allein in Leipzig und Umgebung. Gegen sie setzten wie gegen die jüdische Bevölkerung im ganzen damaligen Deutschen Reich gleich nach dem Machtantritt der Hitlerfaschisten 1933 Repressalien ein, die in der Folgezeit immer ungeheuerlichere Ausmaße annahmen: so genannte „Juden-Boykotte" gegen Geschäftsleute, der erste Boykott in Leipzig schon am 1. April 1933, die Entlassung von Wissenschaftlern, Maßnahmen gegen jüdische Ärzte und Künstler, die Nürnberger Rassegesetze von 1935, die

Gedenkstein Parthenstraße

„Arisierung", also Enteignung jüdischen Besitzes, die Pogromnacht vom 9./10. November 1938, die Einführung des „Gelben Sterns" und besonderer Lebensmittelkarten, Schließung von Synagogen, jüdischen Vereinen, Kultureinrichtungen und Krankenhäusern, Ghetto-Bildungen und schließlich die Deportation in die Vernichtungslager. Als nach Kriegsende 1945 die Israelitische Religionsgemeinde zu Leipzig neu gegründet wurde, hatten sich zunächst gerade noch gut zwanzig Mitglieder versammeln können, in den folgenden Jahren wurden es selten mehr als 300; erst in jüngster Zeit steigt die Mitgliederzahl wieder deutlich an. Nicht wenige Juden und Jüdinnen waren emigriert, sehr viele waren umgekommen. Der am 16. November 1988 eingeweihte Gedenkstein an der Parthe, geschaffen von Peter Makolies, erinnert an Geschehnisse, die sich während des Novemberpogroms 1938 zugetragen hatten. Damals waren einige hundert jüdische Bürger im ummauerten Flussbett der Parthe zusammengetrieben worden, von wo aus sie in Konzentrationslager verschleppt wurden. Eine erste Deportation hatte im Oktober 1938 stattgefunden; mehrere tausend Juden polnischer Herkunft waren in Richtung polnische Grenze abgeschoben worden (siehe Beitrag über die Gedenktafel zur „Polenaktion", Wächterstraße 32). Später folgten weitere Deportationen und Verhaftungswellen. Im Gebiet der Humboldt-, Keil- und Löhrstraße war durch die Einrichtung von so genannten „Judenhäusern" (das waren Gebäude, in denen die jüdischen Bürger, die zumeist ihre eigenen Wohnungen zu verlassen hatten, zusammengepfercht wurden) eine Art Ghetto geschaffen worden. Nach der Berliner Wannsee-Konferenz 1942, die die „Endlösung der Judenfrage" beschloss, fanden Transporte in die Lager von Auschwitz, Buchenwald, Dachau, Riga und andere statt. Der letzte Transport von 169 Leipziger Juden nach Theresienstadt erfolgte noch am 14. Februar 1945; die meisten dieser Verschleppten konnten nach der Befreiung durch die Sowjetarmee zurückkehren.

Gedenktafel zur „Polenaktion" von 1938

Gedenktafel
in der Wächterstraße 32 (ehemalige Villa Ury)

Inschrift, polnisch und deutsch:
In diesem Haus, in der Villa Ury, befand sich bis 1939 das Generalkonsulat der Republik Polen. Der Generalkonsul Feliks Chiczewski gewährte hier während der „Polenaktion" vom 28. – 29.10.1938 etwa 1300 polnischen Juden vor ihrer Zwangsaussiedlung aus Deutschland Schutz.

Wenige Tage vor der Pogromnacht vom 9. November, am 26. Oktober 1938, ordnete der Chef des Reichssicherheitshauptamtes, Heydrich, an, dass Juden mit polnischer Staatsbürgerschaft das Deutsche Reich bis zum 29. Oktober zu verlassen hätten. Sie sollten in Massendeportationen nach Polen abgeschoben werden. Dort allerdings waren sie keineswegs willkommen. Schon seit März 1938 hatten der Sejm und die Regierung in Warschau Regelungen erlassen, die den meisten der im Ausland lebenden Juden polnischer Herkunft die

Haus Wächterstraße 32, ehemalige Villa Ury

Rückkehr ins Heimatland erschweren sollten. Das richtete sich vor allem gegen die Juden, die vor Pogromen in Polen in andere Länder geflüchtet waren. Heydrichs Anweisung wurde rigoros ausgeführt. In Leipzig lebten damals etwa 3 000 Juden mit polnischer Staatsbürgerschaft oder als Staatenlose, vorwiegend ärmere Leute, Arbeiter in der Pelzbranche, Hausierer und ähnliche. Am 28. Oktober wurde ungefähr die Hälfte dieser Menschen festgenommen und an die polnische Grenze transportiert, im ganzen Reich etwa 18 000 so genannte „Ostjuden". Die Ausgewiesenen mussten sich zum Teil tagelang im Niemandsland aufhalten, ehe die polnische Regierung bereit war, einen Teil von ihnen im Land aufzunehmen.

In dieser Situation bewies Polens Generalkonsul in Leipzig, Feliks Chiczewski, der das Amt von 1937 bis 1939 innehatte, humanistische Gesinnung und Zivilcourage. Wissend, dass er keinen Rückhalt bei der eigenen Regierung finden würde, widersetzte er sich den deutschen Anordnungen. Es gelang ihm, viele seiner jüdischen Landsleute zu warnen. Vor allem gewährte er etwa 1 300 der Bedrohten in der Villa Ury, damals der Sitz des Generalkonsulats, Obdach. Frauen und Kinder übernachteten im Gebäude, die Männer lagerten im Garten unter freiem Himmel oder im Zelt. Deutsche Juden und jüdische Wohltätigkeitsorganisationen versorgten die Schutzsuchenden mit Decken,

Gedenktafel an der ehemaligen Villa Ury

Lebensmitteln, Milch und warmer Suppe. Schließlich gelang es dem Generalkonsul, bei den deutschen Behörden durchzusetzen, dass die zu ihm Gekommenen in ihre Wohnungen zurückkehren konnten. Nach einem Tag war die „Polenaktion" reichsweit gescheitert.

Sicherlich bedeutete dies für viele, die nicht noch in letzter Minute in ein anderes Land zu emigrieren vermochten, nur einen Aufschub bis zu der von den Faschisten geplanten „Endlösung der Judenfrage". Dies schmälert aber nicht die Leistung des polnischen Generalkonsuls. In der Kriegszeit engagierte sich Chiczewski beim Polnischen Roten Kreuz für Landsleute in Frankreich, wo er 1972 verstarb.

Ehemalige Volks- und Höhere Israelitische Schule zu Leipzig

Gedenktafel
am Mitteltrakt der heutigen Deutschen Zentralbücherei für Blinde, Gustav-Adolf-Straße 7

Inschrift:
Gegründet von / dem Rabbiner / Dr. Ephraim / Carlebach / wurde in diesem / Gebäude / im Jahre 1913 / die / Israelitische / Schule / zu Leipzig / eingeweiht / Das faschistische / Regime miss- / brauchte das / Gebäude dieser / humanistischen / Bildungsstätte / von 1941 bis 1943 / als Sammellager / für jüdische / Bürger vor deren / Deportation in / die Todeslager / Vergesst es nicht!

1912 wurde die Höhere Israelitische Schule zu Leipzig gegründet. Zunächst in Räumen in der Humboldtstraße untergebracht, konnte die Schule 1913 das Gebäude in der Gustav-Adolf-Straße 7 beziehen. Unterrichtet wurden zehn Klassenstufen bis zur mittleren Reife. Die Schule nahm zwar nur Kinder jüdischer Herkunft auf, war aber ansonsten völlig in das Leipziger Schulleben inte-

Gedenktafel an der heutigen Blindenbücherei

griert. Sie wurde als 6. Realschule geführt und bis 1938 gehörten auch Nichtjuden dem Lehrerkollegium an. Unterstützt wurde die Schule vom Israelitischen Schulverein. Gründer und bis zu seiner Emigration 1936 auch Rektor der Schule war Dr. Ephraim Carlebach. Den Novemberpogrom überstand die Schule, abgesehen von einigen Brandschäden, noch nahezu unversehrt. In den Jahren von 1939 bis 1942 fand weiter ein Schulbetrieb statt, wenn auch zunehmend unregelmäßiger. Der letzte Schuldirektor war Daniel Katzmann, der später nach Theresienstadt deportiert und im KZ Auschwitz umgebracht wurde. An Dr. Carlebach erinnert heute in Leipzig-Mockau die Carlebachstraße, an Daniel Katzmann die Katzmannstraße. In den Jahren der großen Deportationen missbrauchten die Nazis das Gebäude als Sammelstelle für jüdische Bürger, die in die Vernichtungslager geschickt werden sollten. Die Gedenktafel am Haus, die Gerd Nawroth schuf, wurde am 7. November 1988 enthüllt.

Altersheim der Ariowitsch-Stiftung

Hinrichsenstraße 14, früher Auenstraße

Gedenktafel
im Eingangsbereich des Hauses

Inschrift:
1931 stiftete die Familie Ariowitsch dieses Haus im Andenken an Julius Ariowitsch als Jüdisches Altersheim. 1942 wurden die Bewohner nach Theresienstadt deportiert. Sie kehrten nicht zurück.

Im Haus Auenstraße 14 wurde 1931 das Sächsische Israelitische Altersheim eröffnet. Eine Stiftung von Louise Ariowitsch finanzierte das Heim. Später kam der Erweiterungsbau im Garten hinzu. 1942 wurde das Heim aufgelöst und die Bewohner wurden deportiert. Im Jahr darauf übernahm die Gestapo das Gebäude. Hier verhörten und folterten die NS-Knechte Gegner des fa-

Gebäude der Ariowitsch-Stiftung in der Hinrichsenstraße

schistischen Regimes, unter anderem den Leipziger Maler Alfred Frank (siehe Kapitel 1). Nach Kriegsende wurde das Haus zunächst von den amerikanischen Truppen, dann von der Sowjetarmee übernommen und 1946 der Israelitischen Religionsgemeinde zugesprochen, die es entsprechend einer Vereinbarung mit der Familie Ariowitsch als Altersheim der Stadtverwaltung verpachtete. Auf Initiative der Ephraim-Carlebach-Stiftung ist die Gedenktafel geschaffen worden, die am 6. Juni 1993 vom Enkel der Stifterin enthüllt wurde.

Kaufhaus Bamberger & Hertz

Gedenktafel
Augustusplatz / Ecke Goethestraße

Inschrift:
Zum Gedenken an die / Familie Bamberger / Die früheren Besitzer / dieses Hauses. / Und ihr Konfektionsgeschäft. / Bamberger & Hertz. / Ihr Lebenswerk, das am 9. November 1938 / in der Reichskristallnacht / von den Nationalsozialisten zerstört wurde.

Mit dem 1910/1911 erfolgten Umbau des Augustusplatzes nahm im so genannten Königsbau am 23. September 1911 das Kaufhaus der jüdischen Besitzer Bamberger & Hertz seine Verkaufstätigkeit auf. Das Konfektionsgeschäft wurde in der Pogromnacht durch Brandstiftung der Nationalsozialisten vernichtet. Die jüdischen Besitzer Olla und Ludwig Bamberger wurden am 19. September 1942 nach Theresienstadt transportiert. Kurz nach Ankunft in Theresienstadt verstarb Ludwig Bamberger; 1944 kam Olla Bamberger um.

Gedenktafel

Alter Israelitischer Friedhof

Berliner Straße 123, an den Nordfriedhof angrenzend

Dem jüdischen Brauch nach ist es nicht möglich, eine Grabstelle ein zweites Mal zu belegen. So wurde es, als sich abzeichnete, dass die Kapazität des seit 1814 genutzten jüdischen Friedhofs in Leipzig im Johannistal ausgeschöpft war, erforderlich, einen neuen Friedhof zu eröffnen (der Friedhof im Johannistal, ein Gelände an der Stephanstraße, musste während der NS-Zeit endgültig aufgegeben werden). 1862 konnte ein geeignetes Areal erworben werden und am 2. März 1864 wurde die Friedhofsanlage an der Berliner Straße 123, heute als Alter Israelitischer Friedhof bezeichnet, eingeweiht. Eine Mauer begrenzt das Gelände zum Leipziger Nordfriedhof hin. Bestattungen fanden bis zum Jahr 1928 statt. Bedeutende Persönlichkeiten des jüdischen Lebens in Leipzig fanden hier ihre letzte Ruhestätte, so etwa der Rabbiner A. M. Goldschmidt. Auch dieser Friedhof legt Zeugnis ab von den Wunden, die der nationalsozialistische Terror den jüdischen Mitbürgern zufügte. Einige Urnen mit den Überresten von in Konzentrationslagern Ermordeten konnten

Teilansicht des Alten Israelitischen Friedhofs

hier beigesetzt werden. Eine Gedenkplatte erinnert daran, dass in der NS-Zeit jüdischen Kindern in Leipzig nur auf diesem Friedhofsgelände das Spielen im Freien erlaubt gewesen war. Auch wurde die Anlage während der Nazi-Herrschaft Schauplatz von Verwüstungen. Nachdem Anfang der neunziger Jahre Neonazis den Friedhof erneut geschändet hatten, wurde die vom Leipziger Arzt und Bildhauer Dr. Raphael Chamizer geschaffene Plastik „Trauer" in die Feierhalle des Neuen Israelitischen Friedhofs an der Delitzscher Straße überführt.

Gedenkplatte zur Erinnerung an die Ausgrenzung jüdischer Kinder

Neuer Israelitischer Friedhof

Delitzscher Straße 224

Schon 1901 erwarb die Israelitische Gemeinde ein weiteres Friedhofsgelände. 1928 erfolgte die Einweihung des Neuen Israelitischen Friedhofs an der Delitzscher Straße 224. Eine imposante, vom Architekten Wilhelm Haller entworfene Feierhalle bildete das Zentrum der Anlage. Während des Novemberpogroms 1938 wurde die Halle von den Nazis in Brand gesteckt und musste im Jahr darauf nach Anweisung durch die Stadtverwaltung abgerissen werden. Auch waren Grabsteine umgeworfen worden. In den Jahren 1953 – 1955 wurde nach Plänen von Walter Beyer eine neue Feierhalle errichtet. Am östlichen Ende des Friedhofs befindet sich heute ein am 8. Mai 1951 übergebenes Mahnmal für die Opfer des Naziregimes, geschaffen von Hanns Degelmann, das sich zunächst an der Stelle der ersten Feierhalle befunden hatte. Links hinter dem Mahnmal wurden zwei Grabreihen mit Urnen von in Konzentrationslagern Umgekommenen angelegt. Im hinteren Teil des Friedhofs fanden 17 Grabsteine vom ersten jüdischen Friedhof in Leipzig an der Stephanstraße

Neue Feierhalle im Eingangsbereich des Friedhofs

Mahnmal für die jüdischen Opfer der NS-Diktatur

Grabsteine vom ältesten Leipziger jüdischen Friedhof im Johannistal

Grabstätte von Barnet Licht

Grabstätte von Eugen Gollomb

sowie die sterblichen Überreste der dort einst Bestatteten, die nach der 1936 von der nationalsozialistischen Stadtverwaltung verfügten Auflösung dieses Friedhofs hierher umgebettet werden mussten, einen neuen Platz. Auch die Gräber von Barnet Licht, Professor für Musik und Chorleiter, der die Deportation nach Theresienstadt überlebt hatte, sowie von Eugen Gollomb, der in Auschwitz eingekerkert und langjähriger Vorsitzender der Nachkriegsgemeinde gewesen war, befinden sich auf dem Neuen Israelitischen Friedhof. Insgesamt gehören heute zum Friedhof etwa 1 000 Gräber.

Anhang 1

Verzeichnis von nach 1989 verschwundenen Gedenkstätten und Ehrenmalen, die Opfern des NS-Regimes und antifaschistischen Widerstandskämpfern gewidmet waren

Gedenksteine für **Kurt Beyer** (1899 – 1941), Zurichter, KPD-Mitglied, im KZ Dachau ermordet, auf dem Betriebsgelände/Lehrwerkstatt der Theodor-Heuss-Straße und auf dem Schulgelände Ringstraße 10 in Schkeuditz.

Denkmal für **Herrmann Duncker** (1874 – 1960), Redakteur, Hochschullehrer, Peterssteinweg 19 – 21, auf dem Gelände der früheren Druckerei der Leipziger Volkszeitung.

Gedenktafel für **Hanns Eisler** (1898 – 1962), Komponist, am Haus Hofmeisterstraße 14.

Gedenkstein für **Arthur Feistkorn** (1893 – 1949), KPD-Mitglied, nach dem Zweiten Weltkrieg Betriebsleiter des Dieselmotorenwerkes, auf dem Gelände der Sportanlage Leipziger Straße in Böhlitz-Ehrenberg; eine Gedenktafel für A. Feistkorn gab es in der Schule Pestalozzistraße.

Denkmal für **Alfred Frank** (1884 – 1945), Maler, Widerstandskämpfer, in Dresden hingerichtet, auf dem Kasernengelände Olbrichtstraße; ein Gedenkstein für Alfred Frank auf dem Schulgelände Delitzscher Straße 110.

Denkmal für **Otto Heckert** (1905 – 1963), KPD-Mitglied, nach dem Zweiten Weltkrieg SED-Funktionär, auf dem Gelände Essener Straße 1, ehemalige Kaserne der Deutschen Volkspolizei.

Gedenktafel für **Arthur Hoffmann** (1900 – 1945), Zimmermann, KPD-Mitglied, in Dresden hingerichtet, am Haus Kantstraße 40; ein Denkmal für A. Hoffmann befand sich auf dem Kasernengelände Essener Straße 1.

Gedenktafel für **Oswald Jäckel** (1896 – 1935), kämpfte 1919/20 in den Reihen der Roten Armee, von den Nationalsozialisten ermordet, befand sich im Eingangsbereich des früheren Feierabendheimes „Oswald Jäckel" in der Braustraße, Markranstädt.

Denkmal für **Kurt Kresse** (1904 – 1945), Buchdrucker, KPD-Funktionär, in Dresden hingerichtet, auf dem Kasernengelände Olbrichtstraße; eine Erinnerungsstätte hatte auch die Schule Martin-Herrmann-Straße 2.

Gedenktafel für **Arthur Nagel** (1890 – 1945), Maler und Lackierer, Reichstagsabgeordneter der KPD, im KZ Mauthausen ums Leben gekommen, auf dem Betriebsgelände Reineckestraße 33.

Gedenkstein für **Wilhelm Pieck** (1876 – 1960), Tischler, KPD-Funktionär, Mitbegründer des „Nationalkomitees Freies Deutschland" (NKFD), Präsident der DDR, auf dem Schulgelände Louis-Fürnberg-Straße.

Gedenktafel für **Bruno Plache** (1908 – 1949), Tischler, Stadtverordneter der KPD, nach dem Zweiten Weltkrieg Sportdirektor beim Rat der Stadt Leipzig, am Eingang zum Stadion Connewitzer Straße 21; nach der Tafel wird geforscht.

Gedenkstein für **Otto Runki** (1898 – 1945), Bauarbeiter, KPD-Funktionär, im KZ Buchenwald ermordet, auf dem Otto-Runki-Platz.

Gedenktafel für **Alfred Schmidt-Sas** (1895 – 1943), Musiklehrer, Widerstandskämpfer, im ehemaligen Haus des Lehrers, Karl-Tauchnitz-Straße 1.

Gedenktafel für **Ernst Schneller** (1890 – 1944), Lehrer, Militärpolitiker der KPD, im KZ Sachsenhausen ermordet, in der Schule Märchenwiese, Leipzig-Marienbrunn.

Erinnerungsstätten für **Georg Schumann** (1886 – 1945), Schlosser, KPD-Funktionär, in Dresden hingerichtet, auf dem Betriebsgelände Markranstädter Straße 1 (Verbleib unklar), im ehemaligen Gebäude der Leipziger Volkszeitung Rosa-Luxemburg-Straße 19 – 21 sowie auf dem früheren Kasernengelände Georg-Schumann-Straße 146.

Gedenkstein für **Georg Schwarz** (1896 – 1945), Bäcker, KPD-Funktionär, in Dresden hingerichtet, am Eingang der Sportanlage Am Sportpark 2,

Leipzig-Leutzsch; ein weiterer Gedenkstein für G. Schwarz befand sich auf dem Schulgelände Georg-Schwarz-Straße 112; eine Tafel erinnerte an ihn im ehemaligen Haus der Pioniere, Leibnizstraße 26 – 28 sowie eine weitere bis 2003 am inzwischen abgerissenen Fabrikgelände der ehemaligen Gießerei Jahn in der Georg-Schwarz-Str. 181.

Erinnerungsstätten für **Ernst Thälmann** (1886 – 1944), Hafenarbeiter, KPD-Vorsitzender, im KZ Buchenwald ermordet, am Haus Zollikoferstraße 23, in mehreren Schulen sowie auf Plätzen in bzw. um Leipzig.

Gedenktafeln für **Walter Ulbricht** (1893 – 1973), Tischler, KPD-Funktionär und Mitbegründer des „Nationalkomitees Freies Deutschland" (NKFD), Erster Sekretär des Zentralkomitees der SED, Vorsitzender des Staatsrates der DDR, am Haus Gottschedstraße 25 und in der Schule Max-Planck-Straße 1 – 3 (Verbleib unklar).

Ehrengrabstätte für **Sowjetbürger und Angehörige der Roten Armee** auf dem Friedhof in Leipzig-Lindenthal.

Grabstätte mit Gedenktafel für **zwei Sowjetsoldaten** auf dem Friedhof in Leipzig-Lausen.

ANHANG 2

Verzeichnis von Leipziger Straßen und Plätzen, die nach NS-Opfern und Antifaschisten benannt worden sind

(Anmerkung: bei den NS-Opfern sind auch Künstler, Politiker und andere Personen genannt, die überlebt haben, jedoch 1933 – 1945 unterschiedlichsten Repressalien ausgesetzt waren)

(Stand 2005; Quellen u. a.: Autorenkollektiv, „Lexikon Leipziger Straßennamen", Leipzig 1995; Manfred Hötzel, Dieter Kürschner: Straßennamen in Gohlis. Geschichte und Erläuterung, Leipzig 2001; Kulturdenkmale der Stadt Leipzig, in: Beiträge zur Stadtentwicklung. 35/2002.)

Alfred-Frank-Platz	1884 – 1945, hingerichtet, Maler und Grafiker, KPD, leitete Widerstandsgruppe, NKFD Leipzig
Alfred-Frank-Straße	(Angaben siehe oben)
Arthur-Heidrich-Platz	1900 – 1936, verstorben im Zuchthaus Waldheim, KPD, Gemeindeverordneter in Burghausen
Alfred-Kästner-Straße	1882 – 1945, ermordet in Lindenthal, Holzkaufmann, KPD, Widerstandskämpfer, Kontakte zu Georg Schumann
Alfred-Schurig-Straße	1888 – 1956; Dreher, KPD-Stadtrat, Widerstandsgruppe um Arthur Hoffmann und William Zipperer
Arno-Nitzsche-Straße	1897 – 1948, Maschinenschlosser, Spanienkämpfer
Arthur-Hausmann-Straße	1903 – 1943, hingerichtet, Fleischer, illegale Gewerkschaftsarbeit

Arthur-Hoffmann-Straße	1900 – 1945, hingerichtet, Zimmerer, KPD-Stadtrat, Widerstandsgruppe mit Karl Jungbluth und William Zipperer, NKFD Leipzig
Arthur-Nagel-Straße	1890 – 1945, gestorben im KZ Mauthausen, Redakteur, KPD-Abgeordneter des Reichstages, des Sächsischer Landtages und der Stadtverordnetenversammlung Leipzig
Barnet-Licht-Platz	1872 – 1951, überlebte Theresienstadt, jüdischer Chorleiter – Lichtsche Chöre
Bästleinstraße	Bernhard Bästlein, 1894 – 1944, hingerichtet, Reichstagsabgeordneter der KPD, Widerstandskämpfer
Bertolt-Brecht-Straße	1898 – 1956, Dichter, Theatertheoretiker und Regisseur, während der NS-Zeit zur Emigration gezwungen
Bonhoefferstraße	Dietrich Bonhoeffer, 1906 – 1945, hingerichtet, evangelischer Theologe, Vertreter der Bekennenden Kirche
Bontjes-van-Beek-Straße	Cato Bontjes van Beek, 1920 – 1943, hingerichtet, Mitglied der Widerstandsgruppe „Rote Kapelle"
Bothestraße	Dr. Margarete Bothe, 1914 – 1945, ermordet in Lindenthal, Volksschullehrerin, gehörte zum Bekanntenkreis der Familie von Carl Goerdeler
Carlebachstraße	Ephraim Carlebach, 1879 – 1936, gest. im Exil, Gründer und Direktor der Höheren Israelitischen Schule in Leipzig

Christian-Ferkel-Straße	1881 – 1934, verstarb an Folgen der Gestapo-Verhöre, Lithograph, Mitglied der SPD-Widerstands-„Gruppe Zorn"
Christoph-Probst-Straße	1919 – 1943, hingerichtet, Widerstandsgruppe „Weiße Rose"
Clara-Zetkin-Straße	1857 – 1933, in Emigration verstorben, Lehrerin, Frauenrechtlerin, KPD-Abgeordnete und Alterspräsidentin im Deutschen Reichstag
Coppiplatz	Hans Coppi, 1916 – 1942, hingerichtet; Ehefrau Hilde Coppi, 1909 – 1943, hingerichtet; beide Widerstandsgruppe „Rote Kapelle"
Coppistraße	(siehe oben)
Dimitroffstraße	Georgi Dimitroff, 1882 – 1949, Kommunist, Hauptangeklagter im Reichstagsbrandprozess im Herbst 1933
Dohnanyistraße	Hans von Dohnanyi, 1902 – 1945, hingerichtet, Jurist, 1938 Reichsgerichtsrat in Leipzig, Mitglied einer zivilen Widerstandsgruppe gegen Hitler
Dr.-Hermann-Duncker-Str.	1874 – 1960, Redakteur der LVZ
Dr.-Margarete-Blank-Straße	1901 – 1945, hingerichtet, parteilose Ärztin, Kontakte zur Gruppe um Alfred Frank
Dr.-Wilhelm-Külz-Straße	1875 – 1948, Jurist, als OBM in Dresden von den Nazis amtsenthoben
Egon-Erwin-Kisch-Weg	1885 – 1948, Journalist, KPD-Mitglied, Opfer der Bücherverbrennung, Emigration, Spanienkämpfer

Einsteinstraße	Albert Einstein, 1879 – 1955, Physiker, Nobelpreisträger, in der NS-Zeit Emigrant
Elisabeth-Schumacher-Str.	1904 – 1942, hingerichtet, Widerstandsgruppe „Rote Kapelle"
Elli-Voigt-Straße	1912 – 1944, hingerichtet, Widerstandsgruppe Saefkow/Bästlein/Jacob
Emil-Fuchs-Straße	1874 – 1971, Theologe – führender religiöser Sozialist, Nazigegner
Endersstraße	Karl Enders, 1892 – 1938, gestorben im Zuchthaus Waldheim, KPD-Mitglied
Engertstraße	Otto Engert, 1895 – 1945, hingerichtet, KPD-Mitglied, Widerstandsgruppe um Georg Schumann und Kurt Kresse
Erich-Köhn-Straße	1896 – 1944, gestorben im KZ Buchenwald, KPD-Mitglied
Erich-Mühsam-Straße	1878 – 1934, gestorben im KZ Oranienburg, jüdischer Lyriker und Dramatiker, Regierungsmitglied der Bayrischen Räterepublik 1919, Opfer der Bücherverbrennung
Erich-Weinert-Straße	1890 – 1953, Dichter, KPD-Mitglied, Emigration, Spanienkämpfer, NKFD
Erich-Zeigner-Allee	1886 – 1949, Jurist, SPD-Mitglied, Mitbegründer der Leipziger „Antifa"-Bewegung, 1945 – 1949 OBM in Leipzig
Erika-von-Brockdorff-Str.	1911 – 1943, hingerichtet, Widerstandsgruppe „Rote Kapelle"

Ernst-Schneller-Straße	1890 – 1944, erschossen im KZ Sachsenhausen; Lehrer, KPD-Abgeordneter des Sächsischen Landtags und des Reichstags
Ernst-Thälmann-Platz	1886 – 1944, ermordet im KZ Buchenwald, Transportarbeiter, KPD-Vorsitzender; Abgeordneter des Reichstags
Ernst-Toller-Straße	1893 – 1939, Selbstmord im Exil, Schriftsteller, engagiert für die Bayrische Räterepublik 1919
Etkar-André-Straße	1894 – 1936, hingerichtet, Hafenarbeiter, KPD-Mitglied
Eva-Maria-Buch-Straße	1921 – 1943, hingerichtet, Buchhändlerin, Katholikin, Widerstandsgruppe „Rote Kapelle"
Friedrich-Wolf-Straße	1888 – 1953, jüdischer Arzt und Schriftsteller
Fritz-Hanschmann-Straße	1888 – 1940, gestorben im Zuchthaus Waldheim
Fritz-Schmenkel-Straße	1916 – 1944, erschossen in Minsk, Landarbeiter, sowjetischer Partisan
Fritz-Siemon-Straße	1903 – 1962, Reichstagsabgeordneter und Stadtverordneter der KPD, Strafbataillon 999, NKFD
Fritz-Simonis-Straße	1886 – 1956, Widerstandsgruppe im Leipziger Norden, KPD-Mitglied
Fučikstraße	Julius Fučik, 1903 – 1943, hingerichtet, tschechischer Journalist und Literaturkritiker, Widerstandskämpfer

Garskestraße	Erich Garske, 1907 – 1943, hingerichtet, Widerstandskämpfer, KPD-Mitglied
Georg-Schumann-Straße	1886 – 1945, hingerichtet, Schlosser, Journalist und Politiker, Reichstagsabgeordneter der KPD, maßgeblich an der Entwicklung des NKFD Leipzig beteiligt
Georg-Schwarz-Straße	1896 – 1945, hingerichtet, Abgeordneter der KPD im Sächsischen Landtag, Mitglied der Widerstandsgruppe Schumann-Engert-Kresse
Gerhard-Ellrodt-Straße	1909 – 1949, Widerstandskämpfer, KPD-Mitglied
Geschwister-Scholl-Straße	Hans Scholl, 1918 – 1943, hingerichtet; Sophie Scholl, 1921 – 1943, hingerichtet; Mitglieder der Widerstandsgruppe „Weiße Rose" an der Universität München
Geyerstraße	Friedrich August Carl Geyer, 1853 – 1937, 1890 – 1995 Redakteur der LVZ, Mitglied des Sächsischen Landtags und des Reichstags 1918 und 1919 – 1924; Curt Theodor Geyer, 1891 – 1967, Sohn von Friedrich August Carl G., 1915 – 1917 Chefredakteur der LVZ, 1920 Mitglied des Reichstages, 1938 – 1942 Mitglied im Exilvorstand der SPD, emigrierte 1939 nach Großbritannien
Gittelstraße	Kurt Gittel, 1914 – 1943, gestorben im Zuchthaus Waldheim
Goerdelerring	Carl Goerdeler, 1884 – 1945, hingerichtet, 1930 – 1937 OBM in Leipzig, führender ziviler Vertreter der Widerstandsbewegung des 20. Juli 1944

Gottlaßstraße	Alfred Herbert Gottlaß, 1910 – 1944, gefallen, KJVD-Mitglied, Widerstandskämpfer in Wahren und Möckern
Grunickestraße	Albert Walter Grunicke, 1896 – 1940, gestorben im KZ Sachsenhausen, Widerstandskämpfer
Hänischstraße	Friedrich Wilhelm Hänisch, 1902 – 1942, gestorben im KZ Buchenwald, Bauschlosser, Widerstandskämpfer
Hanns-Eisler-Straße	1898 – 1962, Komponist, während der NS-Zeit in die USA emigriert
Hans-Beimler-Straße	1895 – 1936, gefallen bei Madrid, Reichstagsabgeordneter der KPD, Spanienkämpfer
Hans-Driesch-Straße	1867 – 1941, Philosoph, lehrte 1921 – 1933 an der Universität Leipzig, von den Nazis in Ruhestand versetzt
Hans-Marchwitza-Straße	1890 – 1965, proletarischer Schriftsteller
Hans-Oster-Straße	1887 – 1945, hingerichtet, Generalmajor des OKW, Verbindung zum militärischen Widerstand des 20.Juli 1944
Hans-Otto-Straße	1900 – 1933, Freitod nach SA-Verhör, Schauspieler, KPD-Mitglied, nach Machtübernahme durch die Nazis musste er das Schauspielhaus in Berlin verlassen
Hans-Poeche-Straße	1907 – 1933, Freitod im Polizeigefängnis Leipzig, übermittelte als SA-Mann der KPD wertvolle Informationen

Hans-Scholl-Straße	1908 – 1943, hingerichtet, Mitglied der Widerstandsgruppe „Weiße Rose" an der Universität München
Harnackstraße	Arvid Harnack, 1901 – 1942, hingerichtet, Jurist, leitete gemeinsam mit Harro Schulze-Boysen die Widerstandsgruppe „Rote Kapelle"
Hedwig-Burgheim-Straße	1887 – 1943, nach Deportation ins KZ Auschwitz verliert sich ihre Spur, jüdische Pädagogin an jüdischer Haushalts- und Kindergärtnerinnenschule und an der Carlebach-Schule
Heilemannstraße	Kurt Heilemann, 1896 – 1941, starb an Haftfolgen, Widerstandskämpfer, KPD-Mitglied
Heinrich-Büchner-Straße	1885 – 1943, starb während eines Verhörs im Polizeipräsidium Leipzig, Widerstandskämpfer, KPD-Mitglied
Heinrich-Budde-Straße	1887 – 1944, hingerichtet, Ingenieur
Heinrich-Mann-Straße	1871-1950, gestorben in den USA, Schriftsteller, Opfer der Bücherverbrennung, einer der aktivsten bürgerlichen NS-Gegner
Heinrich-Mann-Weg	(siehe oben)
Heinz-Kapelle-Straße	1913 – 1941, hingerichtet, Leiter einer Widerstandsgruppe von ca. 60 Jugendlichen
Herbert-Bochow-Straße	1906 – 1942, hingerichtet, Mitglied des Bundes proletarisch-revolutionärer Schriftsteller Deutschlands, KPD-Mitglied

Herbert-Thiele-Straße	1907 – 1940, gestorben im KZ Buchenwald, Widerstandskämpfer, Funktionär des KJVD in Eutritzsch und KPD-Mitglied
Hermann-Liebmann-Straße	1882 – 1935, gestorben an Folgen der Folterungen im KZ Hohnstein, Redakteur der LVZ, für die SPD Stadtverordneter in Leipzig und Abgeordneter des Sächsischen Landtags sowie 1923 Innenminister der sächsischen Landesregierung
Hinrichsenstraße	Henri Hinrichsen, 1868 – 1942, im KZ Auschwitz umgekommen, Verleger, übernahm 1900 den Verlag C. F. Peters; Stifter, Stadtverordneter in Leipzig
Hoepnerstraße	Erich Hoepner, 1886 – 1944, hingerichtet, General und Widerständler gegen das NS-Regime, Kontakt mit General Olbricht
Horst-Heilmann-Straße	1923 – 1942, hingerichtet, Widerstandsgruppe „Rote Kapelle"
Husemannstraße	Walter Husemann, 1909 – 1943, hingerichtet, Widerstandsgruppe „Rote Kapelle"
Joachim-Gottschalk-Weg	1904 – 1941, Freitod, Schauspieler, erhielt von den Nazis Berufsverbot, weil er sich nicht von seiner jüdischen Ehefrau scheiden ließ
Johannes-R.-Becher-Straße	1891 – 1958, Schriftsteller und Kulturpolitiker
Judith-Auer-Straße	1905 – 1944, hingerichtet, Kurier der Widerstandsgruppe um A. Saefkow, B. Bästlein und F. Jakob

Julius-Krause-Straße	1882 – 1938, umgekommen/ermordet im KZ Buchenwald, jüdischer SPD-Stadtverordneter in Leipzig, 1. Vorsitzender des Centralvereins deutscher Staatsbürger jüdischen Glaubens, Ortsgruppe Leipzig
Jupp-Müller-Straße	1943 erschossen, betrieb den illegalen Soldatensender „Gustav"
Karl-Ferlemann-Straße	1901 – 1945, KZ Sachsenhausen, gestorben auf dem Todesmarsch, Widerstandskämpfer, Funktionär der KPD
Karl-Heft-Straße	1890 – 1945, gestorben an Haftfolgen, Widerstandskämpfer, Funktionär der KPD
Karl-Helbig-Straße	1911 – 1942, gestorben im Zuchthaus Waldheim, Funktionär der proletarischen Freidenkerjugend in Leipzig
Karl-Jungbluth-Straße	1903 – 1945, hingerichtet, Widerstandsorganisation um G. Schumann
Käthe-Kollwitz-Straße	1867 – 1945, Grafikerin, Malerin und Bildhauerin
Katzmannstraße	Daniel Katzmann, 1895 – 1943, Herbst 1942 deportiert, letzter Direktor der Höheren Israelitischen Schule in Leipzig
Klausenerstraße	Erich Klausener, 1885 – 1934, während Röhm-Putsch erschossen, Zentrumspolitiker, Gegner der NS-Kirchen- und Rassenpolitik

Klempererstraße	Victor Klemperer, 1881 – 1960, jüdischer Romanist und Schriftsteller, Autor des Buches „LTI – Sprache des Dritten Reiches" und Tagebuch-Aufzeichnungen, von den Nazis als Professor entlassen, verfolgt und inhaftiert
Kloßstraße	Paul-Otto Kloß, 1892 – 1950, Mitglied der von A. Kästner neu aufgebauten Gruppe Leipzig des NKFD
Konrad-Adenauer-Allee	1876 – 1967, Jurist, Mitglied der Zentrumspartei, OBM von Köln, Amtsenthebung durch die Nazis, Kontakte zur christlichen Opposition, nach 1945 Vorsitzender der CDU und erster Bundeskanzler der BRD
Knöflerstraße	Friedrich Knöfler, 1883 – 1944, gestorben im Zuchthaus Waldheim, Beamter, parteilos, Widerstandskämpfer
Kröbelstraße	Otto Kröbel, 1888 – 1944, erschossen im KZ Sachsenhausen, Widerstandskämpfer, KPD-Mitglied
Kuckhoffstraße	Adam Kuckhoff, 1887 – 1943, hingerichtet, Schriftsteller, Dramaturg und Schauspieler, Opfer der Bücherverbrennung, gehörte neben H. Schulze-Boysen und A. Harnack zu den führenden Vertretern der Widerstandsgruppe „Rote Kapelle"
Kurt-Günther-Straße	1895 – 1940, gestorben im KZ Buchenwald, Redakteur der LVZ, Mitglied der sozialdemokratischen Widerstandsgruppe „Fichte"

Kurt-Huber-Weg	1893 – 1943, hingerichtet, Musikwissenschaftler und Philosoph, lehrte an der Universität München, Widerstandsgruppe „Weiße Rose"
Kurt-Krah-Straße	1896 – 1937, umgekommen im KZ Esterwegen, Widerstandskämpfer in Engelsdorf, KPD-Mitglied
Kurt-Kresse-Straße	1904 – 1945, hingerichtet, Buchdrucker, Funktionär der KPD in Sachsen, Widerstandsgruppe um G. Schumann und O. Engert
Kurt-Schumacher-Straße	1895 – 1952, Jurist, Studium u. a. in Leipzig, Mitglied der SPD, Abgeordneter des Reichstages, inhaftiert in verschiedenen KZ, nach 1945 Vorsitzender der SPD
Kurt-Tucholsky-Straße	1890 – 1935, Freitod in schwedischer Emigration, Schriftsteller und Journalist, Opfer der Bücherverbrennung
Lene-Voigt-Straße	1891 – 1962, sächsische Mundartdichterin, erhielt in der Nazizeit Berufsverbot
Leonhard-Frank-Straße	1882 – 1961, Schriftsteller und Widerstandskämpfer
Lichtenbergweg	Bernhard Lichtenberg, 1875 – 1943, starb auf dem Transport in das KZ Dachau, katholischer Theologe, half als Dompropst der Sankt-Hedwigs-Kathedrale in Berlin politisch Verfolgten und Juden, wandte sich auf das Schärfste gegen die „Euthanasie"-Verbrechen der Nazis

Lidičestraße	tschechisches Dorf – 10.6.1942 „Vergeltungsaktion" durch SS: 198 Männer wurden erschossen, 195 Frauen wurden in das KZ Ravensbrück oder in Gefängnisse transportiert – 52 überlebten dies nicht, 98 Kinder wurden in Lager verschleppt oder SS-Familien zur „Eindeutschung" übergeben
Lipinskistraße	Richard Lipinski, 1867 – 1936, Schriftsteller, Gewerkschafter und Politiker der SPD, u. a. Ministerpräsident und Innenminister in Sachsen sowie Reichstagsmitglied; 1933 und 1934/35 von den Nazis verhaftet; Redakteur der LVZ (1894-1901) Anmerkung: bereits 1945-62 gab es eine Richard-Lipinski-Str. in Leipzig
Liselotte-Hermann-Straße	1909 – 1938, hingerichtet, Widerstandskämpferin, unterstützte illegale Organisation der KPD, wurde als erste Frau in Nazi-Deutschland zum Tode verurteilt und trotz internationaler Proteste hingerichtet
Losinskiweg	Boris Losinski, 1922 – 1944, gestorben im KZ Auschwitz, sowjetischer Zwangsarbeiter, Mitglied der Widerstandsgruppe „Internationales Antifaschistisches Komitee" (IAK) in Leipzig – Gedenkstein in der Ratzelstraße
Ludwig-Beck-Straße	1880 – 1944, erschossen, Generaloberst; aus Protest gegen die Kriegspläne Hitlerdeutschlands vom aktiven Heeresdienst zurückgetreten, führend in der Bewegung des 20. Juli 1944

Maria-Grollmuß-Straße	1896 – 1944, gestorben im KZ Ravensbrück; Lehrerin, Journalistin, Studium der Philosophie und Promotion an Universität Leipzig, Widerstandskämpferin, SPD- bzw. SAP-Mitglied, katholisch, Sorbin
Martin-Hermann-Straße	1893 – 1945, hingerichtet, Markthelfer, später Elektromonteur, Widerstandskämpfer
Matzelstraße	Herbert Matzel, 1915 – 1943, hingerichtet als Deserteur, Arbeiter, Mitglied des KJVD und einer französischen Widerstandsgruppe
Max-Beckmann-Straße	1884 – 1950, Maler und Grafiker, Werke von den Nazis verfemt als „Entartete Kunst", Emigration, verstorben in den USA
Max-Liebermann-Straße	1847 – 1935, Maler und Grafiker, 1920 – 1933 Präsident der Preußischen Akademie der Künste – legte Amt aus Protest nieder, als Künstler jüdischer Herkunft von den Nazis verfemt
Max-Metzger-Straße	1887 – 1944, hingerichtet, katholischer Theologe, verfasste als Kriegsgegner Artikel und Denkschriften
Michael-Kazmierczak-Str.	1898 – 1933, ermordet in Berlin, Bauarbeiter, KPD-Funktionär und Stadtverordneter in Leipzig
Mierendorffstraße	Carlo Mierendorff, 1897 – 1943, gest. bei Bombenangriff auf Leipzig, Journalist; SPD-Politiker, Mitglied im „Kreisauer Kreis", sollte nach Umsturz Pressechef werden

Moltkestraße	Helmuth James Graf von Moltke, 1907 – 1945, hingerichtet, „Kreisauer Kreis", Verbindung zum militärischen Widerstand des 20. Juli 1944
Natonekstraße	Hans Natonek, 1892 – 1963, u. a. 1923 – 1933 Feuilletonredakteur der „Neuen Leipziger Zeitung", Schriftsteller, Opfer der Bücherverbrennung, Buch „Die Straße des Verrats" (1982 erschienen, bereits im Exil geschrieben); Wolfgang Natonek, 1919 – 1994, Verfolgter des NS-Regimes und der sowjetischen Justiz, Sohn von Hans Natonek, rettete sowjetische Kriegsgefangene vor dem Zugriff der Gestapo, nach 1945 wegen Widerstandstätigkeit von sowjetischen Organen verhaftet und zu 25 Jahren Zwangsarbeit verurteilt
Niederkirchnerstraße	Katja/Käthe Niederkirchner, 1909 – 1944, erschossen im KZ Ravensbrück, Schneiderin, Mitglied der KPD, Emigration in SU, dort propagandistische Arbeit unter deutschen Kriegsgefangenen
Nikolai-Rumjanzew-Str.	1912 – 1944, gestorben im KZ Auschwitz, sowjetischer Zwangsarbeiter, gründete 1943 das Internationale Antifaschistische Komitee (IAK) in Leipzig – Gedenkstein in der Ratzelstraße
Obludastraße	Friedrich Alfred Obluda, 1902 – 1937, während Haftunterbrechung im Krankenhaus verstorben, Schlosser, Widerstandskämpfer

Olbrichtstraße	Friedrich Olbricht, 1888 – 1944, erschossen, General, führender Vertreter der Widerstandsbewegung des 20. Juli 1944, Kontakt zu Vertretern des zivilen Widerstands wie z. B. Carl Goerdeler
Ossietzkystraße	Carl von Ossietzky, 1889 – 1938, verstarb an den erlittenen Haftfolgen im KZ Sonnenburg und Esterwegen, pazifistischer Schriftsteller und Publizist, Herausgeber der „Weltbühne", Friedensnobelpreisträger 1935, Opfer der Bücherverbrennung
Otto-Adam-Straße	1907 – 1943, hingerichtet, Uhrmacher, Widerstand gemeinsam mit Heinrich Büchner; parteilos
Otto-Engert-Straße	1895 – 1945, hingerichtet, Zimmerer, Abgeordneter des Thüringer Landtags, KPD-Mitglied, Widerstandsgruppe um Georg Schumann und Kurt Kresse
Otto-Heinze-Straße	1884 – 1944, hingerichtet, Bäcker, Antifaschist
Otto-Michael-Straße	1876 – 1943, gestorben auf Transport ins KZ Theresienstadt, letzter Chefarzt des Israelitischen Krankenhauses in Leipzig
Otto-Militzer-Straße	1901 – 1945, gefallen in einer 500er Strafeinheit der Wehrmacht im Altvatergebirge, Feinmechaniker, Stadtverordneter in Jena und Vorsitzender der oppositionellen Freidenker in Thüringen, Verbindung zur Schumann-Gruppe in Leipzig; KPD-Mitglied

Otto-Runki-Platz	1898 – 1945, erschossen im KZ Buchenwald/ KZ-Mittelbau-Dora, Bauarbeiter, KPD-Funktionär, beteiligt an Sabotage der Rüstungsproduktion im KZ Dora
Pater-Aurelius-Platz	Pater Aurelius Arkenau O.P., 1900 – 1991, Pater am Dominikanerkonvent St. Albert in Leipzig-Wahren, Pfarrer im Haftkrankenhaus Meusdorf, Gegner des NS-Regimes, unterstützte Verfolgte, in der Endphase des Krieges Zusammenarbeit mit NKFD Gruppe Leipzig
Paul-Gruner-Straße	1890 – 1947, Schlosser, Gewerkschaftsfunktionär und Antifaschist
Paul-Küstner-Straße	1896 – 1945, ermordet in Lindenthal, Volkswirt
Paul-Schneider-Straße	1897 – 1939, gestorben im KZ Buchenwald, evangelischer Theologe, Gegner des Nationalsozialismus
Platz des 20.Juli 1944	20. Juli 1944: Tag des fehlgeschlagenen Attentats durch eine Gruppe von Militärs um Graf Schenk von Stauffenberg, Friedrich Olbricht und bürgerlichen Hitlergegnern um Carl Goerdeler und um Julius Leber („Kreisauer Kreis") auf Adolf Hitler; anlässlich des 50. Jahrestages ehrte die Stadt Leipzig 1994 mit dieser Namensnennung alle Frauen und Männer, die versucht haben, die Naziherrschaft zu beenden

Poserstraße	Magnus Poser, 1907 – 1944, gestorben an Verletzungen im KZ Buchenwald, Tischler, KPD-Funktionär, leitete antifaschistische Widerstandsgruppe in Jena, Kontakte zur Schumann-Gruppe
Reinhold-Krüger-Straße	1892 – 1935, verstarb im Polizeigefängnis Leipzig, Straßenbahnschaffner, KPD-Funktionär
Richard-Lehmann-Straße	1900 – 1945, hingerichtet, Journalist, SPD Mitglied, Widerstandskämpfer, Kontakte zu Georg Schumann
Ringelnatzweg	Joachim Ringelnatz, 1883 – 1934, Lyriker und Kabarettdichter, dessen Gedichte von den Nazis als „entartet" verleumdet wurden, Opfer der Bücherverbrennung
Rolf-Axen-Straße	1912 – 1933, gestorben bei Verhör im Polizeipräsidium Dresden, Schlosser, KPD-Funktionär
Rudi-Opitz-Straße	1908 – 1939, ermordet im KZ Buchenwald, Lithograph, KPD-Mitglied, stellte Fotodokumente über Greueltaten der SS zur Information der Öffentlichkeit sicher
Rudolf-Breitscheid-Hof	1874 – 1944, gestorben im KZ Buchenwald bei Luftangriff, SPD-Politiker, u. a. Mitglied des Reichstages
Rudolf-Breitscheid-Straße	(siehe oben)

Sackestrasse	Dr. Georg Sacke, 1902 – 1945, auf Todesmarsch umgekommen, Osteuropa-Historiker, Studium und Wirken als Wissenschaftler bis zur Entlassung an Universität Leipzig April 1933, Mitglied in Widerstandsgruppe um Alfred Frank, parteilos – Büste Sackes auf Gelände „Humanitas e. V.", Prager Straße 224 (siehe Kapitel 1)
Samuel-Lampel-Straße	1884 – 1942, ermordet im KZ Auschwitz, Kantor, Lehrer an der Höheren Israelitischen Schule in Leipzig
Sasstraße	Alfred Schmidt-Sas, 1895 – 1943, hingerichtet, Musiklehrer in Leipzig, aufgrund seiner antifaschistischen Gesinnung entlassen, Widerstandsgruppe um Hanno Günther in Berlin
Schlotterbeckstraße	Mitglieder der Familie Schlotterbeck als konsequente Hitlergegner: Vater Gotthilf Sch., 1880 – 1944, hingerichtet; Mutter Maria Sch. 1885 – 1944, hingerichtet; Tochter Gertrud Schlotterbeck-Lutz, 1910 – 1944, hingerichtet
Schulze-Boysen-Straße	Harro Schulze-Boysen, 1909 – 1942, hingerichtet, Offizier im Reichsluftfahrtministerium, leitete mit A. Harnack die Widerstandsgruppe „Rote Kapelle" und Ehefrau Libertas Sch.-B., 1913 – 1942, hingerichtet
Schulzeweg	Fritz Schulze, 1903 – 1942, hingerichtet, Maler und Grafiker, KPD-Mitglied, Mitbegründer der „Assoziation Revolutionärer Bildender Künstler Deutschlands" – ASSO

Schwantesstraße	Martin Schwantes, 1904 – 1945, hingerichtet, Lehrer, von Nazis aus Schuldienst entlassen, KPD-Funktionär
Seelenbinderstraße	Werner Seelenbinder, 1904 – 1944, hingerichtet, Tischler und Transportarbeiter, Mitglied der KPD, Deutscher Ringermeister und Olympiateilnehmer 1936 in Berlin, beteiligt am Widerstand der Uhrig-Gruppe in Berlin, Kurierdienste
Seelestraße	Gertrud Seele, 1917 – 1945, hingerichtet, Krankenschwester, versteckte von den Nazis Verfolgte in ihrer Wohnung
Seipelweg	Richard Seipel, 1901 – 1936, gefallen bei Madrid, Bergarbeiter, Spanienkämpfer, KPD-Mitglied
Shukowstraße	Georgi Konstantinowitsch Shukow, 1896 – 1974, sowjetischer Marschall
Sophie-Scholl-Str.	Sophie Scholl, 1921 – 1943, hingerichtet, Mitglied der Widerstandsgruppe „Weiße Rose" an der Universität München
Staffelsteinstraße	Else Staffelstein geb. Gaspary, 1865 – 1942, gestorben im KZ Theresienstadt, Jüdin, wohnte in Lausen
Stammstraße	Ernst-Alfred Stamm, 1892 – 1944, gest. im KZ Buchenwald, Maurer; Betriebsrat bei der Firma Stoye Leipzig, KPD-Mitglied

Stauffenbergstraße	Claus Graf Schenk von Stauffenberg 1907 – 1944, erschossen, Offizier, führte das misslungene Attentat am 20.7.1944 auf Adolf Hitler in der „Wolfsschanze" durch
Stefan-Zweig-Straße	1881 – 1942, Freitod, österreichischer Schriftsteller, u. a. „Sternstunden der Menschheit", „Schachnovelle", Opfer der Bücherverbrennung
Stegerwaldstraße	Adam Stegerwald, 1874 – 1945, christlicher Gewerkschafter und Politiker, u. a. 1920 – 1933 Reichstagsabgeordneter für das Zentrum, Verbindung zur Widerstandsbewegung des 20. Juli 1944 – sollte nach erfolgreichem Umsturz Verkehrsminister werden
Tarostraße	Gerta Taro, eigentlich Gerta Pohorylle, 1913 – 1937, Fotografin, wohnte zeitweilig in Leipzig, Emigration in Frankreich, Spanienkämpferin, parteilos, Jüdin
Teichgräberstraße	Richard Teichgräber, 1884 – 1945, gest. im KZ Mauthausen, Schlosser, Gewerkschafter und SPD-Mitglied
Teschstraße	Bruno Tesch, 1913 – 1933, hingerichtet, Klempnergeselle, eines der ersten hingerichteten Opfer der NS-Justiz
Theodor-Heuss-Straße	1884 – 1963, Schriftsteller, Mitglied der DDP und später der Staatspartei, Abgeordneter des Reichstages, Kontakte zum Goerdeler-Kreis, nach 1945 DVP/FDP, erster Bundespräsident der BRD

Theodor-Neubauer-Straße	1890 – 1945, hingerichtet, Pädagoge, Reichstagsabgeordneter der KPD, Kontakt zu G. Schumann und W. Zipperer, NKFD-Gruppe Leipzig
Tresckowstraße	Henning von Tresckow, 1901 – 1944, Freitod am 21.7.1944, Generalmajor, militärischer Vertreter der Widerstandsbewegung des 20. Juli 1944
Trufanowstraße	Nikolai Iwanowitsch Trufanow, 1900 – 1982, Generaloberst der Roten Armee, 1945 Militärkommandant von Leipzig, 1975 Ehrenbürger Leipzigs; Anmerkung: früherer Name: Kommandant-Trufanow-Straße
Uhrigstraße	Robert Uhrig, 1903 – 1944, hingerichtet, Werkzeugdreher, KPD-Funktionär, fasste in Berlin verschiedene Widerstandsgruppen zusammen: so genannte Uhrig-Organisation
Ursula-Götze-Straße	1916 – 1943, hingerichtet, Mitglied einer Studentengruppe mit Verbindung zur Widerstandsgruppe „Rote Kapelle"
Waldemar-Götze-Straße	1915 – 1945, hingerichtet, Steinsetzer, Antifaschist
Walter-Albrecht-Weg	1892 – 1933, ermordet im Leipziger Polizeigefängnis, KPD-Mitglied und Stadtverordneter in Leipzig
Walter-Barth-Straße	1911 – 1945, erschossen, Schriftsetzer, KPD-Mitglied

Walter-Cramer-Straße	1886 – 1944, hingerichtet, Unternehmer, gehörte zu den führenden zivilen Vertretern der Widerstandsbewegung des 20. Juli 1944, befreundet mit Carl Goerdeler, ein Gedenkstein für Walter Cramer steht seit 1996 im Johannapark (siehe Kapitel 1)
Walter-Heinze-Straße	1900 – 1933, ermordet, Maschinenschlosser, SPD-Mitglied, erstes Todesopfer der Leipziger Arbeiterbewegung nach dem 30.1.1933
Walter-Heise-Straße	1899 – 1945, hingerichtet, kaufmännischer Angestellter, KPD-Mitglied und NKFD Leipzig, ein Gedenkstein für Walter Heise steht in Leipzig-Holzhausen (siehe Kapitel 1)
Walter-Markov-Ring	1909 – 1993, Historiker, Leiter einer studentischen Widerstandsgruppe an Bonner Uni, die 1935 zerschlagen wird; 1935 – 1945 im Zuchthaus Siegburg, ab 1949 Hochschullehrer an Uni Leipzig, international anerkannte Forschung zur Französischen Revolution
Wehrmannstraße	Fritz Wehrmann, 1919 – 1945, hingerichtet, Modellschlosser, noch am 9.5.1945 – einen Tag nach der Gesamtkapitulation der Wehrmacht – von deutschem Kriegsgericht wegen „schwerer Fahnenflucht" zum Tode verurteilt und am 10. Mai hingerichtet
Wilhelm-Leuschner-Platz	1890 – 1944, hingerichtet, Holzbildhauer, SPD-Politiker, hessischer Innenminister 1928-33, Mitglied im „Kreisauer Kreis"

Wilhelm-Plesse-Straße	1915 – 1944, ermordet, Tischler, Mitglied der illegalen Widerstandsgruppe um Kurt Kresse und Kurt Roßberg
Willi-Bredel-Straße	1901 – 1964, Schriftsteller, KPD-Mitglied, Emigration, Spanienkämpfer
William-Zipperer-Straße	1884 – 1945, hingerichtet, Reliefgraveur, KPD-Mitglied, Widerstandsgruppe mit Arthur Hoffmann und Karl Jungbluth, NKFD Leipzig
Willi-Brandt-Platz	1913 – 1992, Journalist, 1933 – 1945 Emigration, SPD-Politiker, 1969 – 1974 Bundeskanzler BRD, 1976 – 1992 Präsident der Sozialistischen Internationale, 1971 Friedensnobelpreis
Witkowskistraße	Georg Witkowski, 1863 – 1939, gestorben im Exil, Literaturwissenschaftler an der Universität Leipzig, Jude, wurde deshalb 1933 entlassen
Witzlebenstraße	Erwin von Witzleben, 1881 – 1944, hingerichtet, Generalfeldmarschall, führender Kopf des militärischen Widerstands
Wolfgang-Heinze-Straße	1911 – 1945, hingerichtet, Jurist, Werkdirektor im Rüstungsbetrieb Köllmann-Werke in Leipzig, Kontakt zur Widerstandsgruppe um Alfred Frank, NKFD Leipzig

LITERATURAUSWAHL

(1) Autorenkollektiv: *Was geschah in Abtnaundorf?*, Leipzig 1958

(2) *Biographien zur Weltgeschichte. Lexikon*, Berlin 1989

(3) Getrud Bobek: *Dr. Margarete Blank. Lebensbild einer humanistischen Ärztin*, hgg. vom Bund der Antifaschisten e.v., Sitz Leipzig, Schriftenreihe Heft 1, Leipzig 1995

(4) Werner Bramke: *Carl Goerdeler und Leipzig*, hgg. vom Rosa-Luxemburg-Verein e. V. Leipzig 1995

(5) Bundeszentrale für politische Bildung, Autorenkollektiv: *Gedenkstätten für die Opfer des Nationalsozialismus. Eine Dokumentation, Band II*, Bonn 1999

(6) Fraktion Bündnis 90 / Die Grünen im Stadtrat Leipzig (Hrsg.), Redaktion und Kommentare: Dr. Helmut Warmbier: *Pater Aurelius Arkenau O.P. Eine Dokumentation*, Leipzig 2002

(7) Georgi-Dimitroff-Museum, Museum der bildenden Künste: *Alfred Frank. Ausstellung*, Leipzig 1984

(8) Armin Görtz: *Polnischer Konsul schützte 1300 Juden vor Nazi-Regime*, in: Leipziger Volkszeitung vom 21.1.2003

(9) Steffen Held: *Zwischen Tradition und Vermächtnis. Die Israelitische Religionsgemeinde zu Leipzig nach 1945*, Hamburg 1995

(10) Klaus Hesse: *1933 – 1945. Rüstungsindustrie in Leipzig. Teil I*, Leipzig 2000

(11) Volker Hölzer: *Dr. Georg Sacke. Leben und Widerstand*, Leipzig 2002, Schriftenreihe des Bundes der Antifaschisten e.V., Sitz Leipzig, Heft 3

(12) Ders.: *Georg und Rosemarie Sacke. Zwei Leipziger Intellektuelle und Antifaschisten*, Leipzig 2004

(13) Manfred Hötzel, Dieter Kürschner: *Straßennamen in Gohlis. Geschichte und Erläuterung*, Leipzig 2001

(14) Institut für Denkmalpflege in der DDR (Hrsg.), Textautor: Anna Dora Miethe: *Gedenkstätten. Arbeiterbewegung, Antifaschistischer Widerstand, Aufbau des Sozialismus*, Leipzig, Jena, Berlin 1974

(15) Ernstgert Kalbe: *Freiheit für Dimitroff*, Berlin 1963

(16) Ders.: *Streit um Georgi Dimitroff*, in DISKURS. Streitschriften zu Geschichte und Politik des Sozialismus. Heft 8, Leipzig 2001

(17) Gina Klank, Gernot Griebsch: *LEXIKON Leipziger Straßennamen*, hrsg. vom Stadtarchiv Leipzig, Leipzig 1995

(18) Eberhardt Klemm: *Hanns Eisler – für sie porträtiert*, Leipzig 1973

(19) Rolf Kralovitz: *Der gelbe Stern in Leipzig*, Köln 1992

(20) Volker Külow: *In doppelter Tiefe doppelt gesichert*, in: Junge Welt vom 27./28. 2. 1999

(21) Dieter Kürschner: *Leipziger politische Opfer des Nationalsozialismus 1933 –1945*, unveröffentlichtes Manuskript, Leipzig 2001

(22) Ders.: *verschiedene Beiträge* in Leipziger Volkszeitung und Leipzigs Neue

(23) Bernd-Lutz Lange: *Jüdische Spuren in Leipzig*, Leipzig 1993

(24) Gerhard Lehmann: *Politik und Justiz. Die nationalen und internationalen Dimensionen des Wirkens des Dresdner Landgerichts*, Berlin 1996

(25) Leipziger Geschichtsverein e.V. (Hrsg.), Autorenkollektiv: *Leipziger Denkmale*, Beucha 1998

(26) Anneliese und Lothar Matthes: *Erich Zeigner. Eine biographische Skizze*, Leipzig o. J.

(27) Museum für Geschichte der Stadt Leipzig (Hrsg): *Stätten des Kampfes und der Erinnerung*, Leipzig 1974

(28) Thomas Noweski: *Bruno Plache. Aus seinem Leben und Wirken*, maschinenschriftl. Vervielfältigung, Leipzig o. J.

(29) Pro Leipzig: *Haus- und Gedenktafeln in Leipzig*, Leipzig o. J.

(30) Rat des Bezirkes Leipzig. Abteilung Kultur (Hrsg): *Juden in Leipzig. Eine Dokumentation*, Leipzig 1988

(31) Rat der Stadt Leipzig. Abteilung Kultur (Hrsg.), Autorenkollektiv: *Liste der Denkmale der Stadt Leipzig – Stadtdenkmalliste*, maschinenschriftl. Vervielfältigung, Leipzig 1990

(32) Josef Reinhold: *Zwischen Aufbruch und Beharrung. Juden und jüdische Gemeinde in Leipzig während des 19. Jahrhunderts*, Dresden 1999

(33) Rosa-Luxemburg-Stiftung Sachsen e.V., Gesellschaft für Kultursoziologie e.V. (Auftraggeber): *Osteuropa in Tradition und Wandel. Leipziger Jahrbücher. Band 3*, Leipzig 2001

(34) Birgit Sack: *Dr. Margarete Blank (1901-1945). Justizmord und Erinnerungspolitik*, Dresden 2000

(35) Jutta Seidel: *Paul Nette – „... daß mir weiter nichts fehlt als die Freiheit"*, Berlin 2002

(36) Klaus Sohl: *... und siehe, wir leben. Der Ehrenhain antifaschistischer Widerstandskämpfer und verdienter Sozialisten auf dem Leipziger Südfriedhof*, Leipzig 1986

(37) Carsten Voigt: *Kommunistischer Widerstand in Leipzig 1943/44*, Magisterarbeit, Universität Leipzig, 2001

(38) Ders.: *Kommunistischer Widerstand 1943/44*, in: *Leipziger Kalender 2003. Informationen. Kalendarien. Kulturhistorische Aufsätze. Aktuelles Künstlerportrait. Chroniken. Arbeitsbericht des Stadtarchivs Leipzig. Hrsg. von der Stadt Leipzig. Der Oberbürgermeister. Stadtarchiv*, Leipzig 2003

(39) Karl Wiegel: *Stätten des Kampfes und der Erinnerung. Zur Geschichte der Arbeiterbewegung und des antifaschistischen Widerstandskampfes im Bezirk Leipzig*, Leipzig 1961

(40) Charlotte Zeitschel: *Dr.-Margarete-Blank-Gedenkstätte Panitzsch*, Leipzig o. J.

(41) Gunter Ziener: *Walter Heise. Ein Lebensbild*, hgg. vom Bund der Antifaschisten e.V., Sitz Leipzig, Schriftenreihe Heft 2, Leipzig 1999

Weitere Quellen

(42) Bibliothek des Antifaschismus des Bundes der Antifaschisten e. V. – Sitz Leipzig, Großpösna

(43) Bund der Antifaschisten e.V., Sitz Leipzig, Archiv

(44) Leipzigs Neue, Redaktion und Archiv

(45) Familie Rahel und Professor em. Ernst Springer, privates Archiv und eigene Materialien

Zum Vergleich

Verband der Verfolgten des Naziregimes – Bund der Antifaschisten e.V. – Stadtverband Chemnitz (Hrsg.), unter besonderer Mitarbeit von Johanna und Heinz Güther: *Gegen das Vergessen. Chemnitzer Stätten der Erinnerung und des Gedenkens an Opfer der faschistischen Diktatur von 1933 – 1945*, Chemnitz 2002

Kreisverbände Vogtland und Plauen des Interessenverbandes ehemaliger Teilnehmer am antifaschistischen Widerstand, Verfolgter des Naziregimes und Hinterbliebener (IVVdN), Antifaschisten der Kreise Cheb und Sokolov (Tschechische Republik) und Kreisorganisation Hof der Vereinigung der Verfolgten des Naziregimes/Bund der Antifaschisten (VVN/BdA) – Hrsg.: *Vergeßt uns nicht! Nezapomente! Denkmäler und Grabstätten für Opfer des Faschismus im Dreiländereck Sachsen, Böhmen und Bayern*, Auerbach/Vogtland 1997

Herbert Goldhammer, Karin Jeschke: *Dresdner Gedenkorte für die Opfer des NS-Regimes*, hgg. vom Verband der Verfolgten des Naziregimes; Bund der Antifaschisten e.V. im Freistaat Sachsen, Dresden 2002

Verband der Verfolgten des Naziregimes – Bund der Antifaschisten e.V. Regionalverband Meißen (Hrsg.): *Gedenkstätten und Gedenkorte für die Opfer des Nationalsozialismus 1933 bis 1945 im Landkreis Meißen. Eine Übersicht*, Meißen 2002

Interessenverband ehemaliger Teilnehmer am antifaschistischen Widerstand, Verfolgter des Naziregimes und Hinterbliebener (IVVdN) e.V. Sachsen-Anhalt, Bund der Antifaschisten e.V. Landesverband Sachsen-Anhalt, Verein zur Förderung von Kultur, Wissenschaft und politischer Bildung in Sachsen-Anhalt – Elbe-Saale ... e.V. (Hrsg.): *Gedenkorte für die Opfer des Nationalsozialismus in Sachsen-Anhalt. Eine Übersicht*, Oppin 1998